四川省精品课程
四川省高等教育“质量工程”子项目
成都工业学院“课程改革试点”项目

新编 形势与政策

XINBIAN
XINGSHI YU ZHENGCE

主　审／王　力
主　编／余　勇　罗　英
副主编／牟志宏　毛莉姝　汪　希
编　委／（以姓氏笔画为序）
白　涛　成　敏　张　春
张　劲　罗玉洁　黄　艳

电子科技大学出版社

图书在版编目（CIP）数据

新编形势与政策 / 余勇，罗英主编. —成都：电子科技大学出版社，2017.8

ISBN 978-7-5647-4945-3

Ⅰ. ①新… Ⅱ. ①余… ②罗… Ⅲ. ①时事政策教育—高等学校—教材 Ⅳ. ①G641.41

中国版本图书馆 CIP 数据核字（2017）第 194462 号

新编形势与政策

主　审　王　力
主　编　余　勇　罗　英
副主编　牟志宏　毛莉姝　汪　希

策划编辑　谢应成
责任编辑　谢应成

出版发行　电子科技大学出版社
　　　　　成都市一环路东一段 159 号电子信息产业大厦九楼　邮编　610051
主　　页　www.uestcp.com.cn
服务电话　028-83203399
邮购电话　028-83201495

印　　刷　成都市火炬印务有限公司
成品尺寸　185mm×260mm
印　　张　10.75
字　　数　222 千字
版　　次　2017 年 8 月第一版
印　　次　2017 年 8 月第一次印刷
书　　号　ISBN 978-7-5647-4945-3
定　　价　28.50 元

前 言

岁月如梭，时光荏苒，时间的台历已经进入了 2017 年，“一带一路高峰”论坛在北京召开，“韩国总统朴槿惠入狱”、即将召开的“厦门金砖国家领导人会议”、党的十九次代表大会，国际、国内形势发生了巨大的变化，成都工业学院综合改革试点工作进入第二年取得了初步成绩。作为当代大学生，关注时事政治，紧跟时代发展脉搏，学会对国际国内形势及热点进行理性分析，树立正确的世界观、人生观、价值观。“形势与政策”课作为高校思想政治理论课的重要组成部分是对大学生进行形势与政策教育的主渠道、主阵地，是每个大学生的必修课。在帮助大学生全面了解形势、正确认识社会、深刻理解党的政策和主张、提升政治理论素养等方面具有不可替代的作用。

我校历来重视思想政治理论课建设，并把形势与政策课作为重点课程，取得了显著成绩，2010 年成为省级精品课程，2011 年成为四川省高等教育“质量工程”子项目，2016 年又被学校纳入“成都工业学院‘课程改革试点’项目”。为深入学习贯彻党的十八大、十八届三中全会、十八届四中全会、十八届六中全会、十八届七中全会和习近平总书记系列重要讲话精神，加强大学生思想政治理论课教育及形势与政策教育，总结形势与政策课课程建设经验，展示建设成果，增强教学针对性，以问题为导向，把形势与政策课建设引向深入，我们根据《关于加强和改进新形势下高校思想政治工作的意见》、教育部《2017 年高校思想政治理论课教学质量年专项工作总体方案》和《四川省教育厅关于印发〈2017 年四川省高校思想政治理论课教学质量年专项工作实施方案〉的通知》的有关文件要求，国内外形势和我校特有红色教育资源，特组织我校部分形势与政策专兼职骨干老师，汇聚集体的智慧，编写了 2017 年秋季版《新编形势与政策》。

本书在编写过程中，我们充分汲取我校《形势与政策》省级精品课程和四川省高等教育“质量工程”子项目的建设成果，总结 2013～2016 年《新编形势与政策》教材的编写经验，在选题和编写形式上力求贴近大学生实际，充分反映我校实际和最新成果，使本书体现时代感和历史性，体现理论深度和现实意义，体现国际和国内热点、焦点问题，突出现实针对性教育，引导大学生正确把握国内外形势新变化、新特点，统一思想，坚定信念，凝聚力量，以实际行动投身到国家经济社会发展中去，为实现全面建成小康社会的奋斗目标而发奋学习。每讲内容均附有资料链接、思考题和延伸阅读，以增强教材可读性、拓展大学生视野、强化教材理论说服力并促进师生互动。

本书共九个专题，由王力担任主审，由余勇、罗英担任主编，牟志宏、毛莉姝、汪希担任副主编。编写大纲由余勇和罗英设计。其具体编写分工如下：第一讲由余勇、罗玉洁撰写；第二讲由黄燕撰写；第三讲由成敏撰写；第四讲由罗英、毛莉姝撰写；第五讲由张春撰写；第六讲由牟志宏撰写；第七讲由张劲撰写；第八讲由汪希撰写；第九讲由白涛撰写。全书由余勇、罗英、牟志宏、毛莉姝、汪希进行整稿校对，最后由余勇和罗英进行审阅和统稿。

在编写过程中，我们尽管多方搜集资料，反复修改，积极探索，但由于作者水平有限，加之形势发展变化迅速，书中难免有不足之处，敬请专家、同行和广大读者批评指正。本书在编写过程中参考了理论界的大量研究成果和相关媒体的资料，谨此一并致谢。

编　者

2017 年 7 月

目　录

第一讲　努力学习陈毅精神　积极培育和践行社会主义核心价值观……1
教学目的……1
教学重点和难点……1
主要内容……1
一、学习陈毅坚定信念、忠心报国的精神，培养国家使命感……2
二、学习陈毅光明磊落、无私无畏的精神，培养社会责任感……6
三、学习陈毅严谨治学、勇于创新的精神，培养现代职业素养……8
四、学习陈毅精神，做社会主义核心价值观积极的践行者……10
第二讲　全面认识学校转型发展　科学谋划自身成长路径
——《成都工业学院“十三五”教育事业发展规划》解读……14
教学目的……14
教学重点和难点……14
主要内容……14
一、认清形势，顺势而为，学校华丽转型发展……15
二、抢占机遇，科学谋划，建设高水平应用型本科大学……24
三、正确认知，找准方向，谋划未来……33
第三讲　习近平治国理政新理念新思想新战略……42
教学目的……42
教学重点和难点……42
主要内容……42
一、党中央治国理政新理念新思想新战略形成的时代背景……42
二、党中央治国理政新理念新思想新战略的基本内涵……48
三、党中央治国理政新理念新思想新战略彰显的科学思维……55
第四讲　五次“人大释法”与香港回归20年……60
教学目的……60
教学重点和难点……60
主要内容……60
一、“一国两制”与《香港基本法》……61
二、《香港基本法》的解释问题……66

三、全国人大常委会对《香港基本法》的五次释法......69
四、回归20年的香港......78
第五讲 积极参与 共同繁荣——“一带一路”建设的新举措与新成就......83
教学目的......83
教学重点和难点......83
主要内容......83
一、“一带一路”的由来与现状......84
二、“一带一路”的合作框架和思路......86
三、“一带一路”各领域合作不断深入......89
四、“一带一路”旨在构建人类命运共同体......97
第六讲 供给侧结构性改革的共识与着力点......101
教学目的......101
教学重点和难点......101
主要内容......101
一、供给侧结构性改革概述......101
二、供给侧结构性改革的共识：五大政策......107
三、供给侧结构性改革的着力点：五大任务及工作重点......110
第七讲 两岸关系现状及未来发展前景......114
教学目的......114
教学重点和难点......114
主要内容......114
一、两岸关系历史回顾......115
二、两岸关系的现状......118
三、两岸关系未来展望......125
第八讲 特朗普执政与中美关系......132
教学目的......132
教学重点和难点......132
主要内容......132
一、特朗普执政后美国的政策......134
二、特朗普执政后的中美关系......137
三、中美关系影响下的中国与其他大国（集团）的关系......143

第九讲　朝鲜半岛的核危机 …… 149
教学目的 …… 149
教学重点和难点 …… 149
主要内容 …… 149
一、朝核危机的历史与现状 …… 149
二、朝核问题愈演愈烈的原因 …… 156
三、朝核问题解决的新思路 …… 159
参考资料 …… 162

第一讲　努力学习陈毅精神
积极培育和践行社会主义核心价值观

教学目的

通过本章学习，使大学生了解陈毅的戎马一生，将陈毅精神与社会主义核心价值观有效融合，并结合自身实际，投身实践、积极参与，大力弘扬陈毅精神，努力成长成才，做社会主义核心价值观积极的践行者。

教学重点和难点

陈毅精神与社会主义核心价值观

主要内容

1. 学习陈毅坚定信念、忠心报国的精神，培养国家使命感
2. 学习陈毅光明磊落、无私无畏的精神，培养社会责任感
3. 学习陈毅严谨治学、勇于创新的精神，培养现代职业素养
4. 学习陈毅精神，做社会主义核心价值观积极的践行者

一生为革命，盖棺方论定。
重道又亲师，路线根端正。

——朱德《悼陈毅同志》

核心价值观是一定社会形态社会性质的集中体现，在社会思想观念中处于主导地位，决定着社会制度、社会运行的基本原则，制约着社会发展的基本方向。社会主义核心价值观是社会主义核心价值体系的内核，体现着社会主义核心价值体系的根本性质和基本特征，反映着社会主义核心价值体系的丰富内涵和实践要求，是社会主义核心价值体系的高度凝练和集中表达。

积极培育和践行社会主义核心价值观是党的十八大以来，党中央从坚持和发展中国特色社会主义、巩固全党全国人民团结奋斗共同思想基础的高度提出的一项战略任务。

党的十八大报告明确指出："倡导富强、民主、文明、和谐，倡导自由、平等、公正、法治，倡导爱国、敬业、诚信、友善，积极培育好践行社会主义核心价值观。"这一方面为培育和践行社会主义核心价值观提供了基本范畴，另一方面也进一步明确提炼、概括社会主义核心价值观的基本原则，为我们培育和践行社会主义核心价值观指明了方向。这就是要突出强调"三个倡导"。引导广大学生牢牢把握富强、民主、文明、和谐作为国家层面的价值目标，深刻理解自由、平等、公正、法治作为社会层面的价值取向，自觉遵守爱国、敬业、诚信、友善作为公民个人层面的价值准则，不断提升价值判断力和道德责任感。社会主义核心价值观承载着我们中华民族的精神追求，也深深反映了中国人自古以来不懈追求进步的光荣传统。中共中央在《关于实施中华优秀传统文化传承发展工程的意见》明确指出：实现中华民族伟大复兴的中国梦，坚持以社会主义核心价值观为引领，汲取中国精神、传播中国价值。开展革命传统教育，加强对革命传统文化时代价值的阐发，发扬党领导人民在革命、建设、改革中形成的优良传统，弘扬民族精神和时代精神是培育和弘扬社会主义核心价值观的有力手段之一。纵观中国革命与建设的历史长河，老一辈无产阶级革命家为我们培育和践行社会主义核心价值观树立了光辉典范，我校著名校友陈毅元帅就是其中的杰出代表。

陈毅（1901.8.26－1972.1.6），乳名秋江，谱名陈世俊，学名陈毅，曾用名陈允明，笔名曲秋，化名大老刘，字仲弘，四川省乐至县人。陈毅是中国无产阶级革命家、政治家、军事家、中国人民解放军创建人和领导人之一，中华人民共和国元帅，历任新四军军长、华东军区司令员、华东野战军司令员兼政治委员、上海市市长、国务院副总理兼外交部部长等职务。

在长期的革命和建设中形成的陈毅精神，与党的十八大报告中提出的社会主义核心价值观紧密契合。陈毅元帅用他的一生诠释着社会主义核心价值观，他是青年大学生践行社会主义核心价值观的榜样。学习陈毅精神，弘扬社会主义核心价值观，对培养社会主义的合格建设者和优秀接班人，建设中国特色社会主义的伟大事业具有重要而深远的意义。

一、学习陈毅坚定信念、忠心报国的精神，培养国家使命感

爱国主义是中华民族最深厚的思想传统，是民族精神的核心。民族精神，关乎民族的兴衰成败。一个民族，没有自己的精神，不可能自立于世界先进民族之林。陈毅从小生长在贫弱的半封建、半殖民地的旧中国，那时的他心里开始种下了对旧社会愤怒不平的种子，立下了砸烂旧世界、开辟新天地的大志。陈毅于1916年秋，考入四川省立第一

甲种工业学校（我校前身）染织专业，在那里他对科学有了更深的理解，他深知只有科学才能救国。他深为民众的苦难动心，关注政治和社会问题，并付诸行动。1919 年，年仅 18 岁的陈毅怀着寻求革命真理的理想，毅然到法国半工半读，开始接受马克思主义。在留法勤工俭学和回国后的斗争中，逐步确立起共产主义的世界观和人生观。1923 年，他加入中国共产党，在李大钊的领导下开展工作，马克思主义理论水平有了很大的提高。此后，他始终坚持共产主义的信仰，坚持马克思主义和中国实际相结合的原则，把自己的全部精力毫无保留地献给了中国人民的解放事业和共产主义事业，并为此奋斗了一生。

【青年陈毅】1919 年，陈毅留法勤工俭学，远渡重洋，寻求救国救民的良方。在法国，结识了包括蔡和森、周恩来、李富春、蔡畅、罗迈、王若飞等一大批优秀青年，马克思主义的火花在他心中点燃。在留法勤工俭学和回国后的斗争中，陈毅逐步确立起共产主义的世界观和人生观。1922 年，经蔡和森写信介绍加入社会主义青年团。1923 年冬，陈毅加入中国共产党，从此义无反顾地投身党领导的中国革命事业。其后，在中国共产主义的先驱、我国最早传播马克思主义、中国共产党创始人李大钊的领导下，陈毅作为北方党的主要干部开始从事学运、工运和国民运动工作。自此，他停止了文学生活，成为一个完全的职业革命者。

【革命陈毅】1927 年 8 月 1 日，南昌起义打响了武装反抗国民党反动派的第一枪，开始了共产党人独立领导武装斗争的新时期。陈毅参加了南昌起义部队，开始了艰苦卓绝的军旅生涯，为创建共产党领导下的人民军队做出了卓越的贡献。1928 年，陈毅与朱德共同率领的中国工农革命军第一师同毛泽东率领的中国工农革命军第一军第一师在江西宁冈的砻市胜利会师，中国工农红军第四军成立。中央红军长征后，陈毅与项英撤出中央苏区，开始了艰苦的 3 年的游击战争。陈毅后来回忆道：“这是他在革命斗争中所经历的最艰苦最困难的阶段。”在深山密林之中，面对敌人采取毒辣的手段搜山、“清剿”、严密封山，红军游击队的处境十分艰苦。面对游击区严峻的形势，陈毅对同志们说：“真正革命的同志要坚定信心。留下一点星火，定能燃遍万里江山。”1936 年冬天，陈毅在梅岭被敌人围困 20 多天，自忖不得脱身，做好了牺牲的准备，写下“绝笔”诗篇《梅岭三章》。这气壮山河的“绝笔”，表达了陈毅献身革命的决心和对革命必胜的信念，被后人誉为“千古绝唱”。

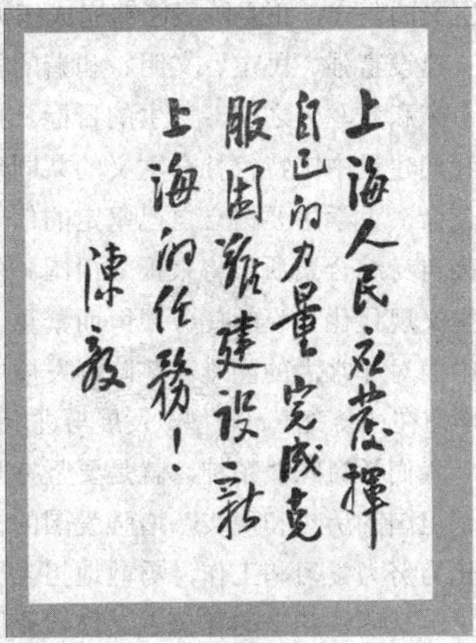

陈毅题词

1958 年 2 月到 1972 年，陈毅兼任我国外交部部长达 14 年之久。面对复杂多变的国际形势，陈毅元帅坚定地执行独立自主的和平外交政策，坚决捍卫我国的国家主权和民族尊严。对敌视、损害中国的言行，他义正词严，敢于斗争。如对美国企图将台湾从中国分裂出去的阴谋，陈毅表达了“中国人民不论用何种方式解决自己的领土，都是中国人民自己的事情”的严正立场。面对苏联以老子党自居，企图在中国建立长波电台和联合舰队、撕毁中苏合作协议、在中国东北西北挑起边境冲突等干涉中国内政甚至挑衅的行为，陈毅作为外长站在反对苏联霸权主义的最前列。他利用各种机会揭露苏联的大国沙文主义行径，澄清中苏交恶真相，并发出了“我们不做卫星国”这样掷地有声的话语，鲜明地表达了中国和中国人民自己的问题自己解决、自己的命运自己掌握的独立意志。

> 人生的道路是曲折的，而真理是永存的。
>
> 当一个人认定了一个真理，就要为它披荆斩棘，冲锋不止。
>
> ——陈　毅

梁启超曾说过：“凡一国之能立于世界，必有其国民独具之特质。上自道德法律，下至风俗习惯文学美术，皆有一种独立之精神。”这种精神就是以爱国主义为核心的民族精神。正是因为陈毅同志有了坚定明确的理想信念和忠心报国的精神，才支撑他在救国救民的道路上一往无前的前行，克服各种艰难困苦，最终取得胜利。对理想信念和爱国主义的坚守，正是陈毅能够完成伟大事业的力量根源。

建设富强、民主、文明、和谐的社会主义现代化国家，这是陈毅等老一辈无产阶级革命家和先驱为之奋斗一生的目标。把国家、民族与个人紧紧地联系在一起的目标，正是我们建设中国特色社会主义的共同理想。中华民族的全面复兴赋予当代中国青年时代的使命，大学生要树立自己坚定的信念，将人生目标、学业目标和职业目标有效结合，提高自身综合素质，将来报效祖国。然而，我们还应该认识到，当前推进改革开放和社会主义现代化建设的任务艰巨而繁重，改革发展稳定面临的矛盾和问题也较为复杂，前进中面对非常大的困难和风险，发展中国特色社会主义可谓任重道远。青年大学生正生活学习在社会变革、转型、发展与进步的转换时期，民族和国家的希望寄托在青年人身上。

我们学习陈毅精神，就是要坚持马克思主义指导思想，满怀高昂的民族精神，正确认识祖国的历史和现实，增强爱国的情感和振兴祖国的责任感，把爱国主义的民族精神转化为努力学习和工作，勇敢地担当历史重任，培养自己的国家使命感，为建设富强、民主、文明、和谐的社会主义现代化国家努力奋斗，用青春热血对国家进步执着追求，顽强拼搏，真正把爱国之志变成报国之行。因为只有把个人的前途命运与国家的前途命运紧密联系在一起的人，才能实现自我价值与核心价值观追求的统一，才能成为一个高尚的人、幸福的人和真正成功的人。

小故事

陈毅轰动甲工校之三事

1916年年初，陈毅考入四川省立第一甲种工业学校（简称甲工校。中华人民共和国成立后更名为成都无线电机械学校、成都电子机械高等专科学校等，现为成都工业学院），立志学习工业技术，报效国家。陈毅当时在校是穷学生，但学习成绩好，很受同学器重，不仅功课好，而且还是学校足球主力，名震校园。

四川省立第一甲种工业学校全景图（画）

1913年甲工校校门

与国文老师徐子休关于“皇帝”的争论。徐子休有一天大发感慨：“四川只出了几个文人却没有出过大将、皇帝。”当时讨袁战争一呼百应，袁世凯被逼得走投无路，而徐子休还在大谈皇帝，陈允明忍不住站起来，当众厉声说道：“现在是民国了，无须出皇帝，况且孟子早就说过民为贵、君为轻。现在需要多出几个科学家就好了。”他反对帝制，崇尚科学，在同学中人心所向，得到大家的赞赏。徐子休面红耳赤、瞠目结舌，讲不出话来。

试卷风波。在作文考试时，老师徐子休从《易经》中出了一个题目：“象日，存雷、震，君子以恐惧修省。”陈允明第一个交卷，他作文说《易经》是古代文献，那时的人们没有科学知识，所以听见打雷就怕，如果科学发达，人们了解了自然现象的规律，就不会闻雷声而害怕了，当时的君子不过是无知的胆小鬼而已。现在有了避雷针，根本用不着害怕。再者，“为人莫做亏心事，夜半敲门也不惊”。君子既然严谨端直，无愧于心，又何必怕雷震呢！老师徐子休看了大发脾气，认为陈允明是离经叛道之徒，把文章判为倒数第一。最后事情闹到校长那里，校长召集开会，并打圆场说：不是陈允明的文章不好，而是他为人处世之策不好。这使陈允明感到气愤，他反驳道：“我们甲种工业学校，应该提倡科学，怎么能推崇迷信呢？”并要求把稿子退还，送去报社发表，让社会参与讨论。结果弄得校长下不了台，大家不欢而散。

足球主力，名震校园。陈允明不但功课好，踢足球也很厉害。那时他是前锋，几乎每场必上，是成都学生中五虎将之一，学生们赠予他“陈 Forward”的美名。据老校友和老教师的回忆：“陈允明在学校学习期间，他和安大（安子初）、安二（安子正）、张星武、杨明肃、金安仁等组成了甲工校第一个足球队，并发誓要打败吃“洋杂水”的华西协和大学队。那时，成都的足球队很少，其中，以华西队的名气最大，技术最好，穿着最阔气，因而在成都学生足球队中被称为“成都霸”。而陈允明他们不但没有运动服，连球破了也只好用猪尿泡来做。加之那时成都只有华西、川大、南较场才有足球场，他们只有在别人不用场地时去偷着练习，还经常被别人赶走。就是这样陈允明他们在一次比赛中打败了“成都霸”华西队，对方带来的庆祝鞭炮也没有放成，垂头丧气地走了。他们为学校赢得了荣誉，轰动了成都足坛。甲工校足球队中的大部分成员后来都到了法国留法勤工俭学。

大雪压青松，青松挺且直。
要知松高节，待到雪化时。

——陈　毅《青松》

二、学习陈毅光明磊落、无私无畏的精神，培养社会责任感

“革命者最崇高的美德是赤胆忠心，为党的事业奋斗终生。陈毅身经百战，出生入死，无不表现他为民族兴旺、为中华振兴的拳拳赤子心，为人民献身、为革命操劳的殷殷公仆情。”陈毅走上职业革命道路，先后经历创建中央革命根据地，五次反“围剿”战争，他经常受命于危难之际，奋战在枪林弹雨之中。

陈毅一生光明磊落、正气凛然。他始终立场坚定、旗帜鲜明，敢于坚持真理、修正谬误。他坚决反对“文化大革命”中的怀疑一切、否定一切，冲击党委、破坏生产及社会秩序的行为，遭到林彪、江青等人的嫉恨，因而成为他们要打倒的重要对象。在“二月逆流”之后，陈毅不断受到批判，但是他为了顾全大局，为使我国外交工作所受的损失减少到最低限度，仍然关注国际形势和外交工作。陈毅受周恩来的委托主持每周一次的座谈会。从 3 月 1 日～10 月 8 日，共进行了 24 次会议，向党中央写了三份对国际形势的分析报告。在此期间，陈毅还首先提出恢复中美大使级会谈的建议，以打破中美关系的坚冰状态。

“文化大革命”期间，陈毅义正词严地指出：“现在‘文化大革命’的后遗症，10 年、20 年不治。一个共产党员，到了这个时候还不敢站出来讲话，一个铜板也不值。”他为此遭到严重迫害，但仍不改初衷，坚持斗争。他曾在一次会上对外办的工作人员说：“谁也没有推选我当老干部的代表，是我自愿代表老干部说几句话。我们要吸取过去在苏区反A B团时搞‘残酷斗争，无情打击’的教训，对老干部不能随便揪斗。他们是我们党的宝贵财富，把老干部都打倒了，只剩毛主席一个人，能行吗？”他还说：“如果要抓辫子，我这个人的辫子一大堆。但我是个什么样的人，将来历史会做出结论。”

陈毅戎马一生，为中国人民的解放事业和社会主义事业立下了不朽的功勋，但他从不居功自傲，总是把一切成就归功于党和人民群众。他严于律己，事事出以公心，生活俭朴，从不以权谋私。据史料记载，红军长征后，陈毅留守南方时，身上带着一笔党组织的活动经费。对这笔钱，他一分也没有用在自己身上，哪怕是生大病、负重伤。他深情地对大家说：“万一我在战斗中被打死，我的尸体同志们可以不考虑，但这些党的经费千万不能落在敌人手里……”陈毅的座右铭是 17个字：“满招损，谦受益；莫伸手；终日乾乾，自强不息。”他不但严格要求自己，还时常告诫子女不要忘了父辈创业的艰难，“汝是无产者，勤俭是吾宗”。

> 陈毅在担任上海市第一任市长时，就对家人和子女约法三章：“穿土布衣，大孩子穿了再轮给小的孩子穿；不坐公家的小汽车；办任何事都要严格按制度来。”

古人说：“诚信者，天下之结也。”诚信是中华民族的传统美德，自古以来就是国人“修身、齐家、治国、平天下”的根本。它既是个人与社会、个人与个人相互关系的基础性道德规范，也是现代文明社会的重要基础和标志。陈毅将诚信由认识转化为信念，由信念内化为行动，始终坚持以身作则，时刻不忘将诚信作风发扬光大。1951年春天的某天，刚剃完发没几天的陈毅将参加中国人民解放军华东军政大学新学年开学典礼，为了严格遵守本校“内务规定”，以身作则剪光头，为全校新生起带头作用。他在开学典礼做报告谈到剪发时，严肃地说，这绝不是一件小事，它关系到执不执行“三大纪律、八项注意”的问题，关系到军风、校风、党风的问题。同学们到大学，第一条就要学纪律，没有铁的纪律，胜利就没有保证。

陈毅在上海

1949 年，一些投机奸商哄抬银圆价格，物价飞涨。为了制止恶性通货膨胀，打击倒把，稳定上海的经济，改善人民生活，陈毅在 6 月 10 日亲自指挥查封证券交易所，同时使物价趋于稳定，群众纷纷赞扬共产党在经济战线上也打了一场漂亮的“淮海战役”。紧接着，陈毅领导全市人民，坚持自力更生的方针，制定了“反封锁六大方针、五大任务”，以扩大内销、精简节约、以煤代油、以工代赈等具体办法，使上海工业走出萧条、恢复生机。上海是全国文化、科技、教育的中心之一，陈毅关心科教工作，尊重知识分子，与他们坦诚交心，上海知识界很快出现了“陈毅热”。

构建社会主义和谐社会是一项长期性的系统工程，它需要社会的全体成员共同努力才能完成。每个人在社会中都扮演着不同角色，也相应地具有不同的社会职责，只有各安其位，各负其责，各得其所，社会才能正常运转，人类的文明才会不断进步。大学生作为社会发展的推动力，是先进生产力的代表者，是先进科学文化的传播者，也是中华优秀传统文化的继承者，更是社会主义道德的实践者，大学生的社会责任感对于社会主义和谐社会的构建起着深远的影响。这就要求大学生将个人利益与社会公共利益统一，把个性的发展与社会要求联系起来，把职业的选择与祖国需要结合起来，使自己的成长成才目标符合社会发展和人民的根本利益，在利国利民的前提下，实现个人事业的最大价值。

在社会主义市场经济条件下，诚信是人们处理个人与社会，个人与个人之间相互关系的基础道德规范，是对社会主义事业的建设者和接班人提出的基本素质要求，也是当代大学生塑造健康人格、实现人生价值的道德基石。作为当代青年，应在日常学习、生活、工作细节中培养诚信行为，铸造诚信精神。分清荣辱，明辨善恶美丑，形成正确的价值判断；自觉以陈毅等老一辈革命家为榜样，推动在全社会形成知荣辱、讲诚信、促和谐的风尚；提高个人素质特别是思想道德素质，加强中国传统文化学习，在人文熏陶中净化心灵、锤炼人格、提高觉悟，促进自身健康成长，从而推动人的全面发展和社会全面进步。

三、学习陈毅严谨治学、勇于创新的精神，培养现代职业素养

陈毅等老一辈无产阶级革命家，作为中国的马克思主义者，不仅是伟大的爱国者、民族解放的先锋，而且是最具浩然正气和思想活力的改革创新者。陈毅一生热爱学习，博学多才，兴趣广泛。他广泛涉猎古今中外的军事名著，善于把书本上的东西运用到实际中，坚持把革命理论与革命实践紧密结合起来，把原则性与灵活性相结合，在革命实

践中不断创新发展，其中，他运用马克思主义的立场、观点和方法，对中国革命战争和军队建设的实际进行深入研究，为毛泽东军事思想的形成和发展做出了重要贡献。

社会需要具有较高职业素养的毕业生，不难发现，职业素养也逐渐成为决定一个人职业生涯成败的关键因素。职业素养是指职业内在的规范和要求，是在职业过程中表现出来的综合品质，它包括职业道德、职业思想（或者说是职业意识）、职业行为习惯、职业技能。大学生的现代职业素养更多体现在敬业精神、严谨治学、勇于创新与合作的态度。敬业是一种基于热爱基础上的对工作、对事业全身心忘我投入的精神境界，它不仅仅是吃苦耐劳，更重要的是“用心”去做好每一件事。中国科学院建院初期，关于科研工作应该怎样正确贯彻“理论联系实际”的方针，曾经有过多种不同的理解，也不时发生不同意见的争论。1954年，陈毅兼管科学院后，在他的谈话中，曾多次对“理论联系实际”的方针做了全面、正确的阐明。在担任外交工作期间，陈毅主张，中央的方针政策一定要坚决服从照办，但具体执行办法要切实可行。中央确定的原则一定要坚持，而实现原则的策略则需灵活运用，外交同打仗一样，要搞好调查研究，知己知彼，百战不殆。陈毅元帅用他的一生体现和诠释了“干一行、爱一行、学一行、钻一行”的敬业精神。

在新时代的历史条件下，培养现代职业素养，就是要尊重劳动、尊重知识、尊重人才、尊重创造。陈毅在革命和建设的关键时刻，始终坚持严谨治学，多次勇挑重任，积极探索创新，以百折不挠和实事求是、开拓前进的敬业精神，卓有成效地开创工作的新局面，体现了他以改革创新为核心的时代精神。在中国民主革命中所形成的改革创新精神，和我们今天所倡导的改革开放精神完全一脉相承，都是中华民族革故鼎新、自强不息、团结奋斗、昂扬向上的精神风貌的集中表达。

> **勤学习，莫伍实堪悲，此日准备好身手，他年战场获锦归，前进心不灰。**
>
> ——陈　毅《赣南游击词》

在当今科技迅猛发展，技术不断更新的时代，社会、企业、学校皆需要能“学到知识，悟出智慧”的大学生。这就要求大学生做到“手脑并用、学做合一”，必须理清学与做的关系，养成学以致用的优良学习习惯。荀子曾说过：“不登高山，不知天之高也；不临深谷，不知地之厚也。”学习理论的目的在于，将理论知识付诸社会实践予以检验。反过来，社会实践又是理论知识的基础，是理论的出发点和归宿点。在社会实践过程中，大学生才能及时了解理论知识的掌握程度，有针对性地弥补匮乏的知识。坚持理论与实践相结合，用科学理论指导实践，在创新实践中发展理论，努力把自己培养成为一名“理论扎实、注重实践、能力为先、素质全面”的优秀大学生。

在中华民族的意识中，敬业是兴国立世之本，是兴家立业之宝。“克勤于邦，克俭于家”，这是我们中华民族得以安身立命，创造财富和探索未知的巨大力量。面对国家进入社会转型期和发展的关键时期，如何在学习工作中培养以改革创新精神为核心的时代精神，这是我们需要考虑的一个问题。在新的历史条件下，学习陈毅严谨治学、勇挑重担、勇于创新的精神，就是要求每位公民自觉履行法定义务、社会责任、家庭责任、爱岗乐业、忠于职守，增强现代职业素养、掌握现代科学文化知识和专业技能。作为一名当代大学生，更应该自觉养成终生学习的习惯，善于吸纳传统文化和西方文化的精髓；勤于思考，实事求是，促进自身养成高尚而独立的完整人格，培育自身独立之精神和自由之思想；树立自觉遵守公民道德规范，养成良好的道德品质；坚持理论学习、创新思维与社会实践相统一。

陈毅在担任外交部部长的时候，面对中日关系僵化的问题，他打破了以往的外交常规，有机巧妙地把开展围棋工作与人民外交工作结合起来。他提出：“围棋、乒乓、书法、兰花都可以交流。”在他的努力下，促成了日本第一个围棋代表团访华。最终，由日本 29 名最知名的围棋手，号召日本 800 万棋手参加要求恢复中日邦交的签名运动。届时，陈毅倡导的“围棋外交”达到一个高潮。1963 年 9 月，日本棋院决定赠予陈毅以名誉七段的称号，在日本棋院还是第一次。这不得不说是我国外交工作上的一次创新，在中日外交史上写下了极具历史意义的浓墨一笔。

“友善”是人际交往中必须具备的道德规范，它是一个人能够成功、成才和发展的必然要素。加强友善能力的培养有助于青年大学生适应社会和顺利成才。友善应体现在为他人、集体、职业、家庭、社会等各个方面。马克思主义价值观为大学生树立友善美德提供了价值判断标准。青年大学生应积极把树立友善美德同树立马克思主义世界观、人生观、价值观结合起来，树立起来的社会主义核心价值观才会是有科学的思想基础、理论指导和价值评判标准作支撑。同时，坚持把树立友善美德同践行公民道德基本规范结合，成为弘扬先进文化和社会正气的示范者和社会主义新型公民。

四、学习陈毅精神，做社会主义核心价值观积极的践行者

习近平总书记在 2016 年全国高校思想政治工作会议上明确指出，要坚持不懈培育和弘扬社会主义核心价值观，引导广大师生做社会主义核心价值观的坚定信仰者、积极传播者、模范践行者。正如习总书记说过，青年的价值取向“就像穿衣服扣扣子一样，如果第一粒扣子扣错了，剩余的扣子都会扣错。人生的扣子从一开始就要扣好。”青年是祖国的未来、民族的希望，青年的价值取向决定了未来整个社会的价值取向。坚持以马克思主义为指导，不断增强道路自信、理论自信、制度自信、文化自信，为实现“两个一百年”奋斗目标、实现中华民族伟大复兴中国梦，努力成为中国特色社会主义合格建设者和可靠接班人，开创中国特色的社会主义事业的新篇章。

青年大学生应该如何做社会主义核心价值观积极的践行者呢？在新形势下，青年大

学生要努力、充分挖掘陈毅元帅宝贵而丰富的资源和精神，积极传承、弘扬陈毅精神，通过历史和现实，不断地结合自身实际情况去提升自己，将陈毅精神融入自身社会主义核心价值观的践行中。习总书记对全国青年大学生提出四点建议。这四点建议为广大青年如何树立和培育社会主义核心价值观指明了方向。

一是要勤学，下得苦功夫，求得真学问。青年是国家的未来，希望寄托在青年们身上。青年兴则国家兴，青年强则国家强，青年有希望，未来的发展就有希望。知识是树立核心价值观的重要基础。为学之要贵在勤奋、贵在钻研、贵在有恒。青年大学生要在社会主义现代化建设和发展的事业中担当重任，不仅要有丰富的知识，过硬的本领，而且要有高尚的情操、顽强的意志，更要敏于求知、勤于学习、刻苦钻研。要加强在课堂上对“陈毅精神”理论知识的学习，善于将陈毅严谨治学、勇于创新的精神融入自身成长的全过程中。更重要的是需要大学生积极参与各类组织活动和社会实践中，正所谓“第二课堂”。注重始终保持与时代同步的知识结构，与社会现代化要求相吻合的能力结构，不断增强服务社会和应对竞争与挑战的能力，努力成为有德有才，全面发展的人。注重把所学知识内化于心，形成自己的见解，既要专攻博览，又要关心国家、关心人民、关心世界。

二是要修德，加强道德修养，注重道德实践。培育核心价值观的过程，就是修德的过程。教育的根本任务是立德树人，修德应当成为大学生的必修课。如天下兴亡、匹夫有责的担当意识，精忠报国、振兴中华的爱国情怀，崇德向善、见贤思齐的社会风尚，孝悌忠信、礼义廉耻的荣辱观念，体现着评判是非曲直的价值标准，潜移默化地影响着每一个人的行为方式。修德，既要立意高远，又要立足平实。大学生要踏踏实实修好公德，弘扬自强不息、敬业乐群、扶危济困、见义勇为、孝老爱亲等中华传统美德。同时，修好私德，培养现代职业素养，树立良好道德品质，学会劳动、学会勤俭，学会感恩、学会助人，学会谦让、学会宽容，学会自省、学会自律。

三是要明辨，善于明辨是非，善于决断选择。“学而不思则罔，思而不学则殆。”面对世界的深刻复杂变化，面对信息时代各种思潮的相互激荡，要正确认识世界和中国发展大势，从我们党探索中国特色社会主义历史发展和伟大实践中，认识和把握人类社会发展的历史必然性，认识和把握中国特色社会主义的历史必然性，不断树立为共产主义远大理想和中国特色社会主义共同理想而奋斗的信念和信心；正确认识中国特色和国际比较，全面客观认识当代中国、看待外部世界。面对纷繁多变、鱼龙混杂、泥沙俱下的社会现象，面对学业、情感、职业选择等多方面的考量时，要学会思考、善于分析、正确抉择，做到稳重自持、从容自信、坚定自励。陈毅精神包含着实事求是、客观地看待一切、与时俱进的内涵。做有志青年就要剔除落后的思想观念，勇于开拓创新，努力成为建设创新型国家的积极推动者。青年是思维最活跃、求新愿望最强烈、最富创新意识的群体。经济社会发展对创新的热切呼唤，为青年创新能力的培养和创新人才的涌现创造了良好的机遇，广大青年应不断解放思想，敢于探索和突破，勇于扬弃和变革，在知识创新、技术创新、制度创新中发挥聪明才智。

四是要笃实，扎扎实实干事，踏踏实实做人。道不可坐论，德不能空谈。于实处用力，从知行合一上下功夫，理论与实践相结合，核心价值观才能内化为人们的精神追求，外化为人们的自觉行动。正确认识时代责任和历史使命，用中国梦激扬青春梦，自觉把个人的理想追求融入国家和民族的事业中，勇做走在时代前列的奋进者、开拓者；正确认识远大抱负和脚踏实地，珍惜韶华、脚踏实地，把远大抱负落实到实际行动中，让勤奋学习成为青春飞扬的动力，让增长本领成为青春搏击的能量。通过举办学习陈毅精神的报告会、座谈会、研讨会和理论辅导、理论征文、演讲比赛、知识竞赛等活动。通过学报、校报、广播、电视、网络、墙报、黑板报等宣传方式来自发地组织大学生学习和研究陈毅精神的心得。通过各种主题晚会、举办爱国主义电影周等等活动，使得大学生从学习伟人的人格开始升华为自觉学习理论的行动。

青年大学生应努力学习陈毅精神，践行社会主义核心价值观，志存高远、脚踏实地，不断提高自身思想水平、政治觉悟、道德品质、文化素养，努力培养自己成为具有现代职业素养的应用性工程技术创新人才，让自身成为德才兼备、全面发展的人才，为地方经济发展和行业技术进步，为全面建成小康社会，建设社会主义现代化国家，实现中华民族伟大复兴做出应有的贡献！

陈毅的一生，光明磊落，坦荡无私，爱憎分明；他文武兼备，学识渊博，具有很高的马克思主义水平和丰富的政治、军事、外交经验，是中国工农红军的创始人、人民军队的创建者和开国元勋之一。

陈毅的一生，寻求真理，矢志不移。他身上具有的忠诚正直、光明磊落、坚忍不拔、刚直不阿的优秀品质，将激励我们不畏艰险，奋发向上，努力学习，报效祖国和人民。

思考题

1. 结合实际，谈谈大学生应该怎样学习陈毅精神？
2. 学习了陈毅精神，我们应该如何做社会主义核心价值观积极的践行者？

延伸阅读

1. 罗英才：《陈毅元帅传记》，解放军文艺出版社，2007 年 1 月
2. 四川省陈毅研究会：《青松挺且直——陈毅的故事》，天地出版社，1996 年
3. 罗英才：《陈毅的非常之路》，人民出版社，2007 年 7 月
4. 张峰：《积极培育和践行社会主义核心价值观》，百度文库，2013 年 11 月

第二讲　全面认识学校转型发展
科学谋划自身成长路径
——《成都工业学院“十三五”教育事业发展规划》解读

教学目的

通过本章教学，帮助学生全面了解学校转型发展的背景、机遇与挑战，深入了解“十三五”时期学校发展的目标、主要任务及主要措施，使学生学会正确分析形势，认识自己，抓住机遇，锻炼才能，为未来发展打牢基础。

教学重点和难点

1. 正确认识学校转型发展的机遇与挑战
2. “十三五”时期学校发展的主要任务与措施
3. 应用型本科人才特点及其培养发展

主要内容

1. 认清形势，顺势而为，学校华丽转型发展
2. 抢占机遇，科学谋划，建设高水平应用型本科大学
3. 正确认知，找准方向，谋划未来

2016年12月，《成都工业学院“十三五”教育事业发展规划》（以下简称《“十三五”规划》）正式发布。《“十三五”规划》明确了我校未来五年发展的指导思想与目标、主要任务与措施，不仅为学校发展指明了方向和路径，也为同学做好学业和职业规划、找准人生发展方向有积极的引导意义。本文通过对《“十三五”规划》的解读，帮助同学们认清规划出台的背景和当前形势，了解学校主要达成的目标和具体措施，清楚面临的机遇与挑战，找准自己的定位和发展目标，为成功走向职场和社会生活打下坚实的基础。

一、认清形势，顺势而为，学校华丽转型发展

（一）华丽转身，百年老校踏上转型发展之路

成都工业学院是四川省人民政府举办、四川省教育厅主管的公办全日制普通本科学校。学校创办于 1913 年，是辛亥革命后四川省举办的第一所实业学校。1913 年 1 月，在辛亥革命后的第三年，怀揣着实业救国、为民族振兴培养人才的梦想，成都工业学院的最前身——四川职业学校创立了。当时发行于成都的《西蜀新闻》报上的一条醒目的招生广告："创立四川职业学校……教授生活上必须之学识技能，使将来往各地方传习，以期达到人人有职业的宗旨，"掀开了成都工业学院百年办学的历史，也昭示了我校与国家和时代同命运、为国家培养人才的办学精神。其后，学校虽历经 12 次更改校名，从四川省立第一甲种工业学校、成都工业学校、成都无线电机械学校（成都无机校）、成都电子机械高等专科学校到今天的成都工业学院，但其实业兴国的办学初衷未变。在一个多世纪的办学历程中，学校形成了 "手脑并用、学做合一"的办学理念，"严谨、朴实、勤奋、创新"的校风，走出了陈毅、张光鉴、晏济元等一大批优秀人才。2012 年 3 月，在百年诞辰的前夕，学校成功升格为本科院校，站在了新的发展起点上。

从成都电子高等机械专科学校到成都工业学院，这不是一个简单的名字更迭，从专科到本科的华丽转身，学校需要重新寻找自己的坐标和定位，才能找到自己前进的方向。学校在党委和行政的带领下，深入基层、政府、企业，充分调研，开展全校性的思想大讨论，从学校百年办学积淀中寻找教育智慧，在传承中创新，秉承教育报国、振兴民族工作的志向，确立了"立足成都，服务四川，面向西部，辐射全国，依托行业优势，培养具有现代职业素养的应用性工程技术人才，将学校建设成为特色鲜明的高水平地方性应用型现代工程技术大学"的办学目标。

链接一　　学 校 标 识

《成都工业学院章程》第八章对学校的校训、校风、校徽和校庆日等学校标识进行了权威界定：

第六十八条　学校的校训是“手脑并用，学做合一”。

第六十九条　学校的校风是“严谨、朴实、勤奋、创新”。

第七十条　　学校校徽包括徽志和徽章。

学校徽志是由图形和文字构成的双圆套圆形徽标。徽标中心图案由向内伸展且掌心有一只眼睛的右手掌、向两侧展开的双翅、地球、麦穗、“工”字和学校建校年份构成，外环上方是学校的中文校名，下方是学校校名的英文全称。

校徽图案中的“工”字体现学校工科特色；“手”“眼”代表“手脑并用、学做合一”，双翅寓意“双手万能”；“麦穗”“地球”彰显胸怀世界而又脚踏实地、服务地方经济社会发展需要的人才培养理念。

学校徽章为题有校名的长方形证章；教职工佩戴红底金色字徽章，学生佩戴白底红色字徽章。

第七十一条　学校校庆日为每年的4月26日。校庆日所在周为校庆周。

——《成都工业学院章程》（四川省教育厅高等学校章程核准书第23号）

链接二　我校被批准增列为四川省“本科院校整体转型发展改革”试点单位

2016年6月29日，四川省教育体制改革领导小组办公室印发了《关于公布第三批省教育综合改革试点项目暨整合调整前三批试点项目的通知》，我校被批准增列为“本科院校整体转型发展改革”试点单位，我校原承担的首批试点项目“本科院校二级学院（系）、专业（群）转型发展改革试点”整合并入新的项目。

在《四川省教育综合改革试点项目任务书》中，我校确定的改革主要目标是：建立并完善与应用型人才培养相适应的内部治理结构，建立并完善行业企业参与学校治理、专业建设、课程设置、人才培养和绩效评价的工作机制；形成以产业发展需求为导向，以校企合作为基础，以培养具有现代职业素养、适应地方社会经济发展和行业技术进步的基层应用性工程技术人才为目标，以增强学生就业创业能力为核心，以应用研究、技术研发为创新活动主领域的产教融合人才培养模式，全面提高人才培养质量；建立多形式、实质性的校企合作、协同创新发展平台，增强学校服务于区域经济社会发展的综合能力。

为实现改革目标，学校将全面贯彻党的教育方针，坚持育人为本，系统设计，层层推进，全面深化改革：以服务四川经济社会需求为大局，以培养高质量应用型专门人才为核心，以学科专业建设为龙头，以加强院系建设为基础，以优化资源配置为保障，落实与发挥院系主体地位；以教育信息化为助力，改革教学模式，丰富课程资源，创新教学方法，促进产学研用紧密结合；以人事分配制度改革为引领，以奖励贡献为导向，以调动积极性为目的，改革教师队伍建设与评价机制；以依法治教为方略，开创党建工作新局面，推进校园文化建设，落实立德树人根本任务；以创新管理为抓手，实施内部治理结构转型完善计划；以开放合作为共识，实施校地协同发展计划。

通过以上六个方面的分部推进，重点实现三个层次的转变：

1. 发展模式实现由学校内生发展模式向产教融合协同发展模式转变；

2. 育人模式实现由以教师为中心向以学生为中心转变，由就业教育为主向创新创业教育转变，由以课堂教学为主向理实研一体化教学转变，由模式化教育向个性化教育转变；

3. 管理模式实现由集中的封闭式行政管理向多元合作的开放式协同治理结构转变。

学校期望，通过全面深化综合改革，最终形成“一心一意谋发展，聚精会神育英才，安安静静搞学问，扎扎实实做服务”的学校发展新局面，加快应用型大学建设。

——成都工业学院新闻网

（二）锐意进取，夯实基础，创造转型发展条件

2014 年，学校升本后的首届领导班子组建，进一步明确了学校的办学定位和发展愿景。在省委、省政府的领导下，在上级有关部门的支持下，学校努力遵循本科教学规律，学习、贯彻本科教学规范，全面加强教学基础建设，以内涵发展为主线，稳定发展本科教育，完成了由专科向以本科教育为主的转变，开创了学校发展的新格局。

1. 本科专业快速发展，以本科为主的办学格局初步形成

当前，学校共设置 12 个教学院系，设置了工学、管理学门类下的 24 个本科专业，17 个专科专业。全日制在校学生约 13 000 人。初步形成了以工为主，工、管结合，以机械、电子信息、计算机三类本科专业群为骨干，对接四川产业发展需求的应用型学科专业结构体系。初步形成了重点服务于先进制造业领域的新一代信息技术、高档数控机床和机器人产业以及传统优势产业转型升级范畴的电子信息、装备制造等产业，面向设计、生产、销售和服务等主要环节，对接全产业链需求的人才培养能力。

2. 推进教育教学改革，产教融合培养应用型人才的探索初见成效

学校以区域社会经济发展和行业技术进步需求为导向，按照“基础实、能力强、素质高、善应用”的人才培养标准，坚持“既注重基础理论教学，又注重学生实践能力培养”的教学传统，积极开展应用型人才培养模式的改革与创新，已获得初步成效。学校教学仪器设备总值近亿元，图书馆藏书 100 万余册。实验室与实习基地建设基本完善，

学校先后与 100 多家知名企业重新签订了校企深度合作战略协议，与陈毅故里、建川博物馆、彭州市大宝镇宝山村等企业或单位签订了“思想政治理论课”校外实践教学基地协议。

3. 加强师资队伍建设，教师队伍能力素质稳步提高

学校有专任教师 600 余人，副高以上高级职称教师 270 余人，硕士及以上学位教师近 460 人；3 名国家级教学名师和 6 名省级教学名师，3 个国家级教学团队（计算机、机械、机电）和 4 个省级教学团队，荣获全国师德先进个人、全国优秀教师、省师德标兵、享受政府特殊津贴的专家、省学术与技术带头人及后备人选、突出贡献专家等称号 40 余人次。学校积极从大中型企业引进教授级高级工程师、高级工程师等高级技术人才，“双师双能”型教师占专任教师总数的 38.3%，较好地满足了对应用型人才培养的需要。

4. 学校章程核准发布，确立了学校办学定位与发展目标

成都工业学院首届领导班子组建之后，在广泛调研、充分听取各方面意见的基础上，立足当前、面向未来，出台了《成都工业学院全面深化综合改革指导意见》，确定了“分三步走”的发展策略，明确了学校七个方面二十八项主要改革建设任务和十大保障措施，为学校的改革发展指明了方向。

2015 年 8 月，《成都工业学院章程》得到四川省教育厅核准并颁布，学校有了依法自主办学、实施管理和履行公共职能的基本准则和依据。学校秉承“实业兴国”的建校宗旨、弘扬“艰苦奋斗”的办学精神、坚持“卓越创新”的价值追求、倡导“敬业乐群”的人文情怀，以质量和特色为立校之本，立足成都、服务四川、面向西部、辐射全国，依托行业优势，以培养具有现代职业素养、适应地方社会经济发展和行业技术进步的基层应用性工程技术人才为目标，致力于建设一所特色鲜明的地方高水平应用型高等学校。

在学校党委的领导下，全体成工人统一思想，坚定目标，抢占机遇，砥砺奋进，在转型发展道路上攻克一个个难题，取得了初步胜利。学校现为全国“十三五”产教融合发展工程“应用型本科高校建设”规划项目院校、四川省“本科院校整体转型发展改革”试点单位、四川省首批教育综合改革试点单位、四川省首批创新改革试点院校。学校应势而为，坚定走在转型发展、建设高水平应用型本科院校发展道路上。

（三）认清形势，正确研判转型发展的机遇与挑战

1．形势：国家经济、社会转型推动学校转型发展

引导部分地方本科高校转型发展是党中央、国务院为适应经济发展新常态对高等教育做出的重大决策。当前，世界新一轮工业革命加速发展，我国进入加快转变经济发展方式的关键时刻，经济从高速增长转向中高速增长，从要素驱动、投资规模驱动发展为主转向创新驱动发展为主，经济增长更多需要依靠人力资本积累和技术进步，经济发展

进入新常态。要想实现“十三五”时期发展目标，全面建成小康社会，迫切要求加快培育发展新动力，实现更多依靠创新驱动、更多发挥先发优势的引领型发展。党的十八届五中全会确立了“坚持创新发展，坚持协调发展，坚持绿色发展，坚持开放发展，坚持共享发展”的国家经济社会发展新理念，并将创新发展作为五大发展理念之首，把创新摆在国家发展全局的核心位置。实施创新驱动发展、中国制造2025、互联网+、大众创业万众创新、“一带一路”等国家重大战略，打造中国经济的升级版，加快产业转型升级步伐，迫切需要加快应用型技术人才培养，推动形成科学合理的教育结构和人力资源结构。引导部分地方本科高校转型发展，就是要更好地促进这些高校直接面向地方和行业发展需求培养人才，更好地提升学习者的技术技能、就业质量、创业能力并奠定其长期职业发展的坚实基础，使高等教育为经济社会和学习者发展创造更大价值，为全面建成小康社会提供有力的支撑。

地方本科高校转型发展是适应经济发展新常态、满足自身改革和发展的需要。在当前我国高等教育迈入大众化阶段并向普及化迈进的过程中，高等教育结构性矛盾突出，同质化倾向严重的问题暴露无遗，“不少本科院校在办学定位和办学思路上脱离国家和地方经济社会发展需要，专业设置、课程教材、人才培养结构和培养模式同产业发展实际、生产和创新实践脱节，办学封闭化倾向突出，”高校人才培养质量不能满足新的经济形态发展需要，人才供给与社会需求之间存在一定程度的错位。经济新常态下，一方面经济增长放缓，就业需求数量放缓，大学生就业难的局面会长期存在；另一方面，国家产业结构调整、技术升级改造、淘汰落后产能必然对现有的人才培养模式、学科专业结构产生冲击，迫使学校转型升级，否则导致招生和就业两难，学校会面临生存困境。高校只有顺势而为，面向国家和地方经济发展需求，推动人才培养的“供给侧改革”，破解人才的供需矛盾，才能实现可持续发展。

所以说，地方本科院校的转型发展既是新常态下国家对高等教育结构改革做出的重大决策，是新常态对人才培养的必然要求，也是部分地方高校自身改革和发展的迫切需要。

2．机遇：高等教育政策调整和四川重大战略部署释放发展红利

2014年召开的全国职业教育工作会议，做出了引导一批普通本科高校向应用技术型高校转型发展的战略部署，《国务院关于加快发展现代职业教育的决定》《现代职业教育体系建设规划（2014～2020年）》对转型发展提出了明确要求。李克强总理在2015年的政府工作报告中明确提出引导部分地方本科高校向应用型转变。《中共中央国务院关于深化体制机制改革加快实施创新驱动发展战略的若干意见》《国家新型城镇化规划（2014～2020年）》《中国制造2025》都明确要求引导、推动部分地方普通本科高校向应用型高校转型发展。党的十八届五中全会从“十三五”时期党和国家发展全局的高度对

教育工作做出了重大部署，全会审议通过的《中共中央关于制定国民经济和社会发展第十三个五年规划的建议》明确提出，“优化学科专业布局和人才培养机制，鼓励具备条件的普通本科高校向应用型转变”，充分体现了中央对转型发展改革的高度重视，为“十三五”时期我国高等教育改革发展指明了方向，进一步坚定了高校转型发展的改革信心。2015年10月，为贯彻落实党中央、国务院的决策部署，教育部、国家发展改革委、财政部三部门联合印发了《关于引导部分地方普通本科高校向应用型转变的指导意见》，从四个层面提出了转型改革发展的十四项具体任务。2016年3月，四川省教育厅等五家单位也联合出台了四川省《关于引导部分地方普通本科高校向应用型转变的实施意见》，进一步明确了四川省关于促进地方普通本科高校向应用型转变的目标、任务、保障和工作机制，对高校转型发展和建设应用型院校指明了路径。

四川的重大战略部署为学校人才培养工作创造了难得的机遇。四川正由经济大省向经济强省跨越、由总体小康向全面小康跨越过程中，省委、省政府组织实施“三大发展战略”，全面推动创新驱动发展，加快工业转型升级，完善电子信息、装备制造、汽车制造等产业综合配套体系，培育发展战略性新兴产业和特色优势产业，加快服务业发展，以促进产业升级转型发展。成都市委、市政府也提出要坚持自主创新、需求导向、企业主体、开放合作，把健全区域创新体系作为构建现代产业体系、促进三次产业转型升级的核心引擎，大力促进科技与经济一体化发展，以科技创新引领“四化”同步发展、支撑“五位一体”建设，加快建设全国知名的创新之城、创业之都和创新发展引领区。这些战略的实施都离不开大量应用型技术人才的培养。围绕“中国制造2025”“一带一路”、长江经济带建设、成渝经济区、全面创新改革试验区、天府新区建设、区域特色优势产业转型升级、社会建设和基本公共服务等重大战略，推动以“互联网+”为核心的新技术、新产业、新业态与高校科研创新、人才培养深度融合，加快建立人才培养、科技服务、技术创新的协同发展新机制，对接航空航天、智能制造装备、先进电力设备、油气能源及海洋工程装备等先进制造和高端装备产业发展战略建设应用技术大学，形成一批服务产业转型升级和先进技术转移的特色鲜明的应用型高校。引导省内部分地方普通本科高校向应用型转变，培养生产服务一线紧缺的应用型、复合型、创新型人才，是落实《中国制造2025四川行动计划》、实现经济强省目标的重要依托。

成都工业学院作为有深厚的制造业背景、工科优势明显的新建本科院校，顺应国家经济建设和四川省经济发展对应用型创新人才培养的需要，转型发展，走应用型本科院校的发展道路，这既是时代赋予我们的光荣使命，也是继承百年老校“实业兴国”传统，服务于地方和国家人才需求的主动担当，更是学校找准定位，破茧成蝶，实现可持续发展的必由之路。

3．挑战：本科建设新规范、应用型转变的新任务带来新挑战

“十三五”时期（2016～2020年）是学校实现“特色鲜明的高水平地方性应用型现代工程技术大学”发展目标的基础建设期，是全面深化改革的攻坚期，是深入实施应用型大学发展战略、人才强校战略、开放国际发展战略的关键时期。在这一个重要阶段，学校面临的主要挑战是：

（1）需要建立并完善现代大学制度，完善内部治理结构，提高管理科学化水平，加强校园文化建设，提升学校软实力。

（2）需要建立并完善产教融合、校企合作的人才培养模式，加快紧密对接产业链、创新链的专业结构布局调整。

（3）需要增加人才总量、优化师资队伍结构和提升教师综合能力水平，满足学校本科办学需要。

（4）需要改善实验室的硬件等教学条件，提高实验室管理水平，进一步完善实践教学体系，满足本科教学要求。

（5）需要加强学科建设，提高应用型科研能力水平，培育在国内、省内有较大影响的优势科研领域与重大科技成果，大幅度提升科技服务地方社会经济发展和行业技术进步的能力。

链接三　四川省应用型本科高校联盟

2016年10月28日下午4时，四川省应用型本科高校联盟成立大会在成都召开。大会讨论并通过了《四川省应用型本科高校联盟章程》（征求意见稿），讨论通过成都工业学院为首届联盟理事长单位，乐山师范学院、攀枝花学院、西昌学院、四川旅游学院、四川传媒学院、西南交通大学希望学院为副理事长单位。

四川省应用型本科高校联盟是根据川教【2016】17号文中“推动成立产教融合的四川省应用型本科高校联盟”的有关精神，在四川省教育厅指导下，由成都工业学院、乐山师范学院、攀枝花学院、西昌学院、四川旅游学院、四川传媒学院、西南交通大学希望学院7所高校共同推动成立的。四川省应用型本科高校联盟以培养适应社会需求、人民满意的高素质应用型人才为宗旨，深入研究与探索新建本科院校人才培养面临的共性问题，以创新发展、协同育人、产教融合为主轴，遵循“优势互补、资源共享、互惠互利、共同发展”的原则，深化教育领域综合改革，优化资源配置，实现开放办学，着力提升办学效益与竞争力，主动适应、服务和引领区域经济社会发展。

——百度百科

链接四　全国新建本科院校联席会议暨第十六次工作研讨会发布全国新建本科院校联盟《成都共识》

2016 年 10 月 30 日，全国新建本科院校联席会议暨第十六次工作研讨会在成都落下帷幕。会议吸引了来自全国 29 个省市自治区 220 所新建本科院校及海外高校的 600 余名代表参加，会议历时三天，内容精彩纷呈，既有教育部领导讲话，又有教育教学专家的讲座、讨论，还有企业专家的分享，有力地推动了新建本科院校应用型建设的经验和智慧在成都碰撞、融合，对新建本科高校应用型大学的建设必将起到重要的促进作用。

在 30 日的闭幕式上，会议发布了全国新建本科院校联盟《成都共识》。

全文如下:

1. 我们，219 所全国新建本科院校于 2016 年 10 月 28～30 日在四川成都相聚，共同参加全国新建本科院校联席会议暨第十六次工作研讨会。

2. 以创新发展、协同育人、质量保障为主题，深入研讨“新建本科院校在创新型国家建设中的使命与责任”“高等教育普及化趋势下新建本科院校面临的机遇和挑战”“‘十三五’规划的编制与实施”“新时期高等教育质量的标准与评价”等。

3. 我们应当一以贯之坚持走培养应用型人才之路，结合自身实际，突出特色发展。

4. 应用型人才的培养，需要改革传统人才培养模式，在充分遵循人才成长规律的基础上，努力实践，不断创新“政产学研用”合作机制，激发协同育人活力。

当前面临的形势

5. 在国家实施创新驱动发展、“一带一路”倡议、中国制造 2025、“互联网+”、大众创业万众创新等背景下，面对经济结构深度调整、行业产业结构优化升级，迫切需要一大批应用型人才，需要高等教育进行供给侧结构性改革。

6. 2015 年 3 月，政府工作报告中提出，“引导部分地方本科高校向应用型转变”；2015 年 10 月，教育部、国家发展和改革委员会、财政部联合发文，要求引导部分地方普通本科高校向应用型转变；2016 年 3 月，政府工作报告再次强调，“推动具备条件的普通本科高校向应用型转变”。引导一批地方新建本科院校整体向应用型转变，不仅符合国家社会经济发展实际，也是中国高等教育战略发展的必然要求，更是新建本科院校可持续发展的根本举措。

机遇与挑战

7. 新建地方本科院校作为我国本科教育的一支新生力量，为我国高等教育大众化以及区域经济发展做出了重要贡献。如何进一步立足地方、融入地方、根植地方、服务地方是摆在我们面前亟待破解的难题，也是对我们办学理念、治理结构、发展方式以及人才培养模式的全面挑战。

8. 我们必须清醒地认识到，推进高校转型发展，建设有中国特色高水平应用型地方本科院校，注定是一项长期而艰巨的任务，必然会遇到许多问题、困难和挑战，需要政府、高校、行业企业和社会各界形成共识，凝聚合力，以更大的勇气、信心与决心，以更大的支持力度和政策保障，打好转型发展攻坚战。

9. 我们应以应用型定位和应用型学科专业建设为发展新机遇，明确自身发展定位，发挥优势与特色。通过学科专业建设提升办学层次，服务国家和区域特殊需求，为开展专业硕士研究生教育打下坚实的基础。

使命与责任

10. 培养大批高素质的应用型人才，满足经济社会发展的需要是我们的光荣使命。我们要将应用型人才培养、应用型科学研究、社会服务和文化传承创新四大职能整合起来，培养一大批既掌握现代科学技术知识，又接受系统技术技能训练的应用型、复合型、创新型人才，特别是服务产业链高端的应用型专门人才。

11. 服务地方及行业经济社会发展是学校的立足之本；产教融合、协同育人是转型的必由之路；培养高素质应用型人才是首要的职能；增强学生未来之能力，是基本的职责。以产教融合、校企合作为突破口，将行业、企业全方位深度参与作为转型发展的路径和推动力，努力融合全社会之力，创新产学研合作育人新机制。

期待与协同

12. 期待国家持续跟进转型配套政策的制订和机制的完善，加快部分地方本科高校转型发展的顶层设计，进一步扩大转型高校办学自主权，加快高校管理、拨款、设置、评估等方面改革，为转型发展创造良好的政策环境。

13. 期待各级政府部门积极引导和精确施策，加大政策创新力度，统筹规划区域产业转型升级和高校转型发展，推动“政产学研用”有效融合。

14. 期待行业、企业充分理解并积极参与，主动融入地方高校转型发展，协同培养国家急需之才。

15. 期待得到更多兄弟院校的鼎力相助与全力协同，共同面向产业转型升级，建立应用研究、科技创新、技术应用和产业化服务创新体系。

信心与承诺

16. 转型发展的动力来自创新，转型发展的活力来自改革。我们有信心有决心在困境中突围，在改革创新中发展，把办学思路真正转到服务地方经济社会发展上来，转到产教融合、校企合作上来，转到培养应用型技术技能人才上来，转到增强学生创新创业能力上来。

17. 我们坚信正在进行的探索和实践是一场具有深远意义的重大变革。我们终将实现这样的愿景：因为有我们的参与和努力，高等教育体系更加完善，结构更加合理，人才层次更加丰富，社会多样性需求得到更好满足。

18. 我们承诺，愿意成为转型发展的主角，愿意成为新建本科院校向应用型转变系列改革的积极倡导者、主动践行者和责任担当者，在不同地区、不同领域探索适合自身发展的转型之路，用我们的行动抒写转型发展新篇章！

——成都工业学院新闻网

二、抢占机遇，科学谋划，建设高水平应用型本科大学

2016 年 12 月，《“十三五”规划》正式印发。规划是学校未来五年发展的行动纲领。规划适应经济发展新常态，以提高人才培养质量为核心，坚持应用型大学、人才强校和开放、国际发展战略，确立了将学校建成为国内知名、特色鲜明的高水平地方性应用型现代工程技术大学的目标，并从创新人才培养模式、加强人才队伍建设、调整学科专业布局、完善内部治理结构、改善教学条件、提升办学软实力、扩大办学国际化七个方面列明了 19 项具体任务和 12 项具体措施，以支撑目标的实现。

（一）“十三五”时期学校发展的指导思想与目标

1．办学指导思想

学校《“十三五”规划》期间的办学指导思想涵盖了四个方面的含义：第一，办学方向。坚持社会主义办学方向，以邓小平理论、“三个代表”重要思想和科学发展观为指导，全面贯彻党的教育方针。第二，发展战略。大力实施应用型大学发展战略、人才强校发展战略和开放、国际发展战略。第三，发展思路。主动适应经济发展新常态，主动融入产业转型升级和创新驱动发展，坚持以提高人才培养质量为核心，以深化改革释放发展动力，以特色发展提升综合竞争力，以扩大开放合作拓展发展空间，以完善内部治理结构增强可持续发展能力。第四，办学思路，全面加强学科建设、专业建设、师资队伍建设和教学基本条件建设，加强与改进思想政治工作，奋力推进创新创业教育改革，为将学校建成为国内知名、特色鲜明的高水平地方性应用型现代工程技术大学，谱写学校发展新百年、新篇章奠定基础。

2．总体目标

“到 2020 年，全面实现学校向应用型本科转变，服务经济社会发展能力显著增强，建成在区域和行业有相当优势、社会上有相当影响力的特色鲜明的本科学校，为实现建设一所‘特色鲜明的高水平地方性应用型现代工程技术大学’的发展目标奠定坚实的基础。”

首先，办学层次：全面实现向应用型本科转变。明确了“十三五”期间我校的办学层次是本科教育，这与我校升格为本科院校时间较短，本科教育基础还不够牢实、当前阶段主要以打好本科教学基础的情况相适应。“十三五”期间力争建成在区域和行业有相当优势、社会上有相当影响力的特色鲜明的本科学校。

其次，办学类型：应用型，与研究性相区别。应用型的类型定位顺应了当前形势和国家要求，又体现了学校的办学特色和传统。

再次，学科定位。根据学校学科发展的基础和实际，提出“建设现代工程技术大学”，坚持以工学为主的学科设置目标，协调发展经、管、文、理、艺术等其他学科。

最后，服务面向。体现地方大学特色，主要依托地方、面向地方，服务地方经济发展，同时依托西南地区辐射全国。

3．具体目标

（1）根据办学定位与经济社会发展需求，完善内部治理体系，增加本科专业数量，优化专业结构。全面创新人才培养模式改革，全面提升人才培养质量和水平。

（2）建设一支师德师风优良、结构合理、满足应用型人才培养要求的教师队伍。培育若干在省内有较大影响的科研团队与学科梯队。

（3）提升科研能力水平，构建面向地方社会经济发展和行业技术进步需求的科技创新体系。应用科技研发与成果转化对人才培养的支撑引领作用不断强化，为开展专业学位硕士研究生培养创造必要条件。

（4）以评促建、以评促改、教学基础建设取得成效，全面改善办学条件。通过增列为学士授予单位审核，通过教育部“普通高等学校本科教学工作合格评估”。

（5）办学规模达到或接近全省公办地方本科校均规模。在校生总人数 15 000 人左右。

（二）“十三五”时期学校发展的具体任务和措施

地方本科院校转型是一场伟大变革，难度大，涉及面广，涉及高校治理、专业体系、课程、教学、师资结构等方面，是一项需要系统设计的综合改革工程。教育部等三部委联合发布的《关于引导部分地方普通本科高校向应用型转变的指导意见》和四川省《关于引导部分地方普通本科高校向应用型转变的实施意见》，提出了转型发展的 14 项主要任务。按照国家和四川省的意见精神，《“十三五”规划》围绕大学内涵建设和办学质量的提升，明确了我校实现转型发展目标的 19 项具体任务和 12 项措施，全面做好我校转型的顶层设计，确保转型发展目标的实现。

1．明确类型定位和转型路径：深入实施以人才培养为核心的应用型大学发展战略，构建产教融合、校企合作的多样化协同育人模式，提升学校综合办学实力。

转型发展，培养应用型技术型人才是我校新时期担负的职责使命；构建产教融合、校企合作的多样化协同育人模式是转型的必然路径。

（1）完善学校学科、专业结构布局。《“十三五”规划》充分了解和回应地方需求，坚持地方性、应用性、开放性的办学思路，进一步调整学校的专业结构，建设高质量的学科专业体系。“十三五”期间，“学科设置以工学为主，协调发展经、管、文、理、艺术等其他学科”。“初步形成面向智能制造、高技术服务等四川省支柱产业的重点本科专业群。”“每年新增本科专业 4 个左右，本科专业总数达到 36 个左右。应用型专业占专业总数比例不低于 80%，应用型专业符合四川省产业发展规划的百分比不低于 90%。建设符合省级专业竞争性评选要求的本科专业 6 个以上。”“进一步对接行业和区域经济社会发展重点产业，整合打造‘智能制造学科专业集群’‘电子信息学科专业集群’‘互联网+学科专业集群’‘管理服务学科专业集群’四大学科专业集群。每一个学科专业集群至少有 3 个稳定的学科方向（领域），且至少有 1 个学科方向（领域）优势突出、特色鲜明。”

（2）构建产教融合、校企合作的多样化协同育人模式。产教融合是创新应用型人才培养模式的必然选择。通过学校与产业、学校与企事业单位、学校与政府、学校与用人单位的合作与融合，构建以市场为需求、以能力培养为主线、以实践体系为主体的新型人才培养模式，总体上提高人才的实践能力，实现应用型培养目标。“建立并完善产教融合、校企合作的指导、管理机构，构建以校企、校地合作为基础的应用型人才培养工作机制。建立并完善与应用型人才培养相适应的管理制度。建立行业企业专家参与构建的教学标准体系、教学质量管理和人才培养质量评价保障制度，从人才培养的环境、条件、环节及评价等方面重构‘育人’体系，形成多样化的应用型人才培养方案，实现人才培养模式创新。”学校将进一步加大投入，建设校企合作的平台和硬件设施，“投入资金 1.4 亿元，重点加强实验实训环境、平台和基地建设”，建立和完善校企合作的各项机制，“实现校企合作基本覆盖主干专业”，推动校企研发合作，组建“现代成型技术”“机器人应用技术”“无人机应用技术”“现代服务业应用”等多个工程技术中心和企业合作研发中心，推进校企合作信息化建设，实现校企双方环境、管理、教学、产学研、生活智能化的建设目标，“显著改善工程技术人才培养的实验室实训教学环境和条件”。

链接五　中国大学生在线：协同育人谋发展　校企合作谱新篇

2015 年 10 月 28 日，秋高气爽，艳阳高照，英特尔、富士康、长虹电器、九洲电器、宝利根、宏明双新、牧野机床、苏宁云商、重庆平伟等众多国内外知名企业云集鹃城，参加“成都工业学院 2015 年校企合作企业代表年会”，签署校企战略合作协议，并作为校外实习基地接受校方授牌，共同谋划继续加强合作、协同育人实现共赢的事宜。

本次大会是在贯彻落实《国家中长期教育改革和发展规划纲要（2010~2020年）》，以培养应用型人才为目标，建立健全政府主导、行业指导、企业参与的办学机制，推进校企合作制度化形势下校企双方加强交流、深化合作的一次盛会。为此，校长严余松教授向参会企业介绍了办学现状和理念，表示学校一直坚持产学研相结合的应用型人才培养模式，大力推行地方性、应用性、开放性的办学思路，坚持以培养具有现代职业素养、适应地方社会经济发展和行业技术进步的基层应用性工程技术人才为目标。希望校企优势互补、资源共享，融合发展，充分发挥学校的教学、科研和人才优势，企业在资源配置和市场方面的优势，共同为振兴地方经济、促进社会发展做出更大贡献。

富士康鸿富锦精密电子（成都）有限公司、苏宁云商集团股份有限公司、四川长虹电子控股有限公司作为参会企业代表发言，回顾了与学校合作的历史，表达了企业对校企合作的良好愿景和对人才的迫切渴望，认为成都工业学院“严谨、朴实、勤奋、创新”的校风与企业文化具有一致的价值取向，具备长期合作的良好基础，希望校企双方继续加强协作，丰富合作模式，为企业发展培养更多“适销对路”的专业人才。

随后，校方与各参会企业签订了校企战略合作协议并向参会企业授牌。

签约仪式后，学校与参会企业进行了座谈，就共同关心的具体合作事项进行了协商和沟通。

参加本次会议的企业均与成都工业学院有着长久的合作历史，是该校重要的合作伙伴。双方以专业建设、人才培养为纽带，在专业设置、教学管理、实训基地建设、师资建设、技能鉴定、科学研究、招生与就业、文化共融、人才支撑等方面互通信息、共享资源，取得了良好成效。此次大会的召开是该校在校企合作方面的积极探索和有益实践，是校企之间在多年来友好合作关系的基础上，进一步加强交流、增进感情、携手共建、深度融合的良好互动，标志着学校在校企合作的道路上又迈出了坚实的一步，将有力推动校企之间优势互补、资源共享、互惠双赢。

——中国大学生在线

（3）全面提高人才培养质量。新常态下，高等教育的发展已从规模扩展转到内涵发展上，内涵发展的核心是提高教育质量，教育质量的核心是人才培养质量。人才质量体现在学生的思想道德品质、知识能力、创新精神以及特色发展等方面。必须“树立人才培养质量是学校发展生命线的观念”，“培养高质量的基层应用型专门人才”，“十三五”期间，学校将通过“实施教学基础建设工程”，建立多元化的质量监控与保障机制、完善各类教学管理制度、深化课堂教学模式改革、推进课程建设和教材建设，确保课程教学质量的提高。通过“实施互联网+教育创新，逐步建设完善基于新一代信息技术的教学管理服务平台、教学资源平台、网络学习空间、智慧教室、创新工场、标准化考场等。”

大大拓展学习空间，丰富学习内容和形式，提高学习的兴趣和效率。通过“实施大学生创新创业能力提升工程”，形成大学生创新活动技术支持平台、大学生创新创业实践平台。设立创新创业基金，有志创业的学生可申请获得资助。开展创新创业教育和创业咨询辅导，培养学生的创新意识和创业能力。

链接六　我校学生获全国应用型人才综合技能大赛全国一等奖

由教育部、科技部、工信部指导的2016全国应用型人才综合技能大赛总决赛于近日在北京落下帷幕。全国31个省、自治区、直辖市的近800所高校的7110支队伍参加了本次大赛。通过激烈的竞争，最终产生平面设计大赛全国一等奖16名。我校图形图像制作专业学生柏万芳获得全国一等奖，来自图形图像制作与数字媒体技术的5组同学获得全国二等奖5项，图形图像制作、数字媒体技术、软件工程的同学获得全国三等奖17项，取得了骄人成绩。

——成都工业学院新闻网

链接七　成都工业学院学生创新创业学分认定管理暂行办法（节　选）

第一章　总则

第二条　创新创业学分是我校本科人才培养方案的重要组成部分。凡就读于我校的全日制普通本科生，在校期间需完成4个创新创业必修学分，其中，“创新创业教育理论”课程2学分，“创新创业教育实践”课程2学分。超过的创新创业学分可申请转换成公共选修课或其他创新创业类课程学分。

第二章　认定范围

第三条　可通过以下模块活动进行“创新创业教育实践”课程2学分认定，超出部分学分可申请认定为第二课堂学分（最多4个），范围包括以下类别：

（一）创新创业竞赛模块

创新创业竞赛：指参加由政府部门或其委托的行业权威机构组织以及由学校、学院组织的各类创新创业类竞赛（互联网+、挑战杯、创青春等）。

（二）创新活动模块

1. 科研训练：指参加各级大学生创新训练计划、实验室开放与技改项目以及参与教师的科研项目等。

2. 科研成果：指在公开出版的学术期刊上发表的论文以及被省级以上学术会议收录的论文。

3. 知识产权：指获得发明专利、计算机软件著作权等。

4. 技能证书：指获得经职业技能考核获得的各类职业资格证书。

5. 人文健康素养：指参加假期社会实践（如“三下乡”活动、企业实习等）、青年志愿者活动（如义务教育、社区服务活动等）、学术讲座，或在报刊上发表作品，获得相关成果等。

6. 文体活动：指参加校级以上的文化（演讲、辩论、音乐、书法、摄影等）和体育比赛活动。

（三）创业活动模块

1. 创业项目：指参加各级各类大学生创业训练项目、创业实践项目等。

2. 创业实践：指学生入驻科技创业苗圃、科技园、自主创业、依法注册公司等实践活动。

3. 创业活动：指参加创业沙龙、讲座等活动。

第四条 学生在校期间，同一学生、同一项目不累计得分，只记该项目最高学分值。集体奖项与个人奖项有重复的，取最高值计算学分，不重复计算。创新创业学分获得途径及学分核定标准参见附件。

——关于印发《成都工业学院学生创新创业学分认定管理暂行办法》的通知

成工院〔2016〕102号

2. 转型发展的人才支撑：深入实施人才强校战略，建设一支高水平的教师队伍，解决制约学校发展的人才队伍问题。

大学之大，不在高楼，而在大师。教师队伍的素质直接影响着高校的转型发展水平。当前，我校的师资队伍与建设高水平地方性应用型大学的师资要求还有一定的差距，主要表现在师资队伍的能力、结构、数量还不能完全适应学校发展需要、师资队伍整体实力和水平与学校发展要求还有较大差距、学科（学术）带头人和高水平创新团队缺乏、国际化程度和水平较低等方面。为了达到本科办学评估师资要求，满足转型发展的建设需要，“十三五”期间，学校将进一步完善教师考核评价制度，建立完善更加灵活、多元的用人机制，促进“双师型”教师队伍建设，“形成一支专兼结合、数量充足、能力水平和队伍结构与应用型本科办学要求相匹配的‘双师型’师资队伍’”。“双师型”教师一般指同时具备教师资格和职业资格，从事职业教育工作的教师。当前学校的师资结构中，很大一部分来自于传统的综合性大学，缺乏实践能力，不能满足应用型人才培养要求，为此，设立“工程实践知识培训”“工程与社会实践”“进实验室”“产学研合作培养”“工程技术研究与成果转化”等项目，促进教师的工程能力提高。同时，将全面优化教师队伍结构，“努力提高具有博士、硕士学位的专任教师比例，具有硕士以上学位的专任教师比例达到 80%以上”。“提高‘双师双能型’教师比例，本科专业专任教师中‘双师双证型’教师比例超过 50%。”“形成 50 名具有省部级以上人才称号的拔尖人才队伍。”“选拔培养 100 名校级优秀青年骨干教师。”“海外送培 100 名骨干教师，推进师资队伍国际化进程。”“新增 100 名博士。”可以预想，到“十三五”结束时，我校的教师队伍中具有高学历、海外学习背景、高技能的人才将大幅度增加，成为建成特色鲜明的地方高水平应用型高等学校的有力的人才保证和智力支持。

3．加强实验室建设，显著改善工程技术人才培养的实验实训教学环境和条件

实验室是学校教学、科研和社会服务工作的重要基地和支撑条件，承担着培养学生实践能力、创新能力，实施素质教育的重要任务。目前，我校有 71 个实验室，共 215 个实验分室，3 个省级大学生校外实践教育基地，3 个国家级实训基地，2 个省级实验教学示范中心建设项目和 1 个虚拟仿真实验教学中心，15 个校企共建“产学研用”实验室，拥有校内工厂国营成都无线电专用设备厂（国营 633 厂），建有先进的模具技术中心、模具科技馆和机械博物馆，与百余家企业建立了长期稳定的校外实践基地。但是，面对四川“十三五”经济社会发展对应用型人才的迫切需求，根据学校转型发展新要求及“‘十三五’产教融合发展工程规划项目”的新目标和新任务，目前实验室的现状与“建设成一所特色鲜明的地方高水平应用型高等学校”的要求还有一定的差距。实验场地不足，实验用房紧张，实验设备短缺、实验室共享程度不高等问题仍然存在。“十三五”期间，学校将建立并完善实验室建设工作规范。“改善实践教学和协同创新条件。新建培训楼、综合实验楼、实训与创新大楼，新增建筑面积 5 万平方米以上，重点投入 4500 万元以上购置教学科研仪器设备，显著改善教学条件。建设符合省部级重点实验室要求的实验室 2 个以上，省级实验教学示范中心 5 个左右，建立 3～5 个产学研战略联盟。”“加强实验室基础建设，新增实验教学面积 3.4 万平方米，加大计算机基础、大学物理、大学化学、机械基础、电工电子等公共实验室的投入，改善多媒体教室等教学条件，新建智慧教室、开放实验室门禁系统等，保障实验教学的顺利开展。”“开展校级实验平台建设，重点建设无人机、机器人等具有我校特色和优势的实验教学平台；完善校外实习基地的建设，加强合作交流，使已有的实习基地运作更合理，争取校外实习基地达到 160 个以上。”

4．塑造转型文化：加强校园文化建设，完善质量保障体系，提升学校软实力

校园文化是指学校在长期办学历程中，历代师生员工共同传承和创造的物质文化和精神文化的总和，其核心是价值体系。大学校园文化是社会主义先进文化的重要组成部

分，是一所大学赖以生存和发展的重要根基，是学校人才培养的重要环节。加强校园文化建设对于全面推进学校的转型发展、加强和改进大学生思想政治教育、全面提高大学生综合素质具有十分重要的意义。在一百多年的办学历程中，学校形成了优良的传统和独特的文化。学校从建校初期的染织、应化两科，发展到现在进入全日制本科办学阶段，其间虽历经坎坷12次更名，5次搬迁，历代学人形成的“手脑并用、学做合一”的校训、“严谨、朴实、勤奋、创新”的校风、“艰苦奋斗”的办学精神、“卓越创新”的价值追求、“敬业乐群”的人文情怀仍薪火相传，成为学校宝贵的精神财富。但与学校发展和师生成长的需要相比，还有许多不适应的地方，亟待加强建设。

学校从专科升格到本科、从普通本科转型到应用型本科，其校园文化建设也应该与学校的发展相适应，依照高层次应用型人才的培养目标，加强校园物质文化和精神文化建设，积极开展理想信念教育，加强校风学风建设，打造校园文化活动品牌，加强人文精神和职业素养的培养。“坚持以人为本、育人为先的原则”，“通过实施有厚重文化底蕴，浓郁现代气息，浓烈学术氛围、浓厚艺术韵味、丰富多彩活动的‘五有’校园建设，形成‘包容、关爱、创新、自信、开放’的校园文化，逐步提升师生的文化素养，加强对学生的成长引导，注重人文关怀和行为养成，为大学生成长营造良好的物质环境和文化环境，提升学校软实力。”“实施‘文化品牌’塑造计划，大力开展丰富多彩的文体活动，加强校史陈列馆、陈毅纪念园、模具科技馆、机械博物馆的建设和利用，强化学校精神的凝练，打造特色鲜明、影响更大的文化品牌。实施校园环境文化氛围的增强计划，以弘毅广场为重点、分片区打造与环境相符、功能相对独立的景观工程，美化校园环境。规范学校形象标识，建设好、管理好学校宣传平台，进一步树立、推广学校良好形象。”

5．多措并举推动学校建设高水平应用型本科院校

“十三五”期间，在建设高水平应用型大学的征途中，学校除了在人才培养模式创新、专业建设、质量建设、师资队伍建设、实验室建设、校园文化建设等方面做出具体部署外，还在加强学校科研能力、服务地方经济、推进现代大学制度建设、推进学校信息化建设、加强学校开放办学和国际合作与交流方面也明确了具体任务和措施。在可预见的“十三五”建设期间，学校将“大力发展应用型科研，建立并完善产教融合、校企合作的协同创新平台，努力提升应用技术的传承应用研发能力”；“形成1～2个优势突出、特色鲜明的二级学科和学科方向，要使2个以上一级学科和6个二级学科达到专业硕士学位授权水平；积极发展交叉学科和新兴学科，打造2～3个符合学校定位、符合区域产业发展趋势、能够达到省内领先的特色学科。”“培养6个左右以学科带头人和学术骨干为核心的学术梯队，培养8～10个特色鲜明的优秀学术团队。”学校管理科学化水平将进一步提高，二级学院内部管理体系将更加完善，智慧校园建设将有大的提升，学校国

际合作与交流将进一步加强，教师和学生出境交流学习机会将大大增多。学校办学综合实力将大大加强，学校的办学影响力大步提升。

链接八　我校大学科技园获批成为省级大学科技园

12 月 30 日，四川省科学技术厅办公室印发了《四川省科学技术厅 四川省教育厅关于公布成都工业学院和四川理工学院建设省级大学科技园的通知》，正式确定我校大学科技园为省级大学科技园。获批成为省级大学科技园，体现了省科技厅、教育厅对我校大学科技园建设成绩和思路的认可。省科技厅、教育厅希望我校在大学科技园的建设过程中，积极探索以市场为手段，以服务社会为目的的大学科技园良性运营和发展机制，提高资源的开放程度和使用效率，为大学科技园的发展提供充分的要素保障，使大学科技园成为学校服务地方经济和社会发展的重要渠道。充分发挥人才、技术和学科等方面的优势，整合优质资源，立足区域、服务行业，将大学科技园建设成为科技成果集聚、孵化、转化基地；高校学生创新创业实训基地；产学研合作示范基地；把高校优质资源通过大学科技园转化为服务经济社会发展的动力，为实施创新驱动发展战略和系统推进全面创新改革试验做出更大贡献。

——成都工业学院新闻网

链接九　“成渝汽车后服务产教联盟”在成都工业学院成立

近日，来自成渝地区的 46 家汽车制造、汽车服务企业齐聚成都工业学院，共同成立了“成渝汽车后服务产教联盟”，并就汽车后服务产业的发展现状及市场人才需求状况、校企合作人才培养方案等议题进行了深入研讨。

参会代表选举成都工业学院为会长单位，四川省汽车产业协会、成都客车厂、野马汽车股份公司等 10 家单位为副理事长单位。大会为“成渝汽车后服务产业技术研究院”“成渝汽车（虚拟）学院”“成都客车厂电动汽车实验室”“汽车服务工程专业汽车服务队”揭牌，成都工业学院与企业合作办学的“力帆国际化汽车服务工程”定制班、“平伟汽车模具技术”定制班也正式开班。

成都工业学院校长严余松表示，学校将依靠多年来积淀的行业优势，把政府需求、企业要求作为办学的使命和任务，加大与汽车后服务相关产业、企业的联系，以服务行业、服务产业、服务地方为宗旨，积极顺应产业行业需求，将传统制造业向现代服务行业延伸，与相关产业链融合，将“产教融合”落到实处。

“成渝汽车后服务产教联盟”是成都工业学院发起，由省市汽车行业协会和汽车产业链优秀企业共同组建，面向汽车产业协同开展人才培养和科技协作的社会团体。旨在深入贯彻落实国家《汽车产业中长期发展规划》，服务国家汽车产业和汽车后服务业转型升级，通过在协同育人、资源共享、建立产业技术创新与应用平台等领域开展深度交流与合作，搭建成渝经济区产业技术服务平台，推进川渝汽车后服务产业快速发展。

参加本次活动的还有四川省发展和改革委员会社会事业处、四川省经济与信息化委员会、四川省人社厅劳动关系处、教育培训处以及四川省汽车产业协会、成都市汽车维修协会等行业主管单位和行业协会领导、代表。

——四川在线

三、正确认知，找准方向，谋划未来

学校的转型发展，其终极目标还是在于培养出适应社会需要的、高素质的应用型本科人才。《“十三五”规划》的各项任务和措施也是为了这一目标而展开。作为刚踏入大学校园的新生，如何认识学校转型发展和《“十三五”规划》给个人成长成才带来的机遇，做好大学学业规划，全面地发展自己，为未来的职业生涯打下良好的基础，是第一个需要认真思考的问题。

（一）全面认识“应用型本科人才”

“应用型本科人才”是在高等教育大众化阶段后形成的一种新型大众高等教育机构的主要人才培养类型。“应用型本科人才”是与传统的学术性、研究型人才相区别的人才类型。从类型上，应用型本科人才属于应用型人才范畴，是面向社会需要的职业性人才。从层次上，作为本科人才，主要不是为研究生教育做准备，而是毕业后大多直接走上工作岗位的人才，虽然也有少部分将进入研究生层次，但不是主体。“应用型本科人才”是具有多样性特征的人才培养类型。作为不同于传统学术研究型人才的特殊人才类型，一切侧重于知识应用，具有市场导向、着眼于学生就业需要的人才都可以归属于应用型人才，呈现出发展性和多样性特征。

“应用型本科人才”具有以下特点：

1．操作技能高

具有很强的实践动手能力和操作技能，包括专业技能方面的熟练性、发现问题、解决问题的敏感性及可操作性特征，能敏感地在生产、管理、服务第一线发现大量现有和潜在的问题，并能运用各种知识和技能解决现场实际问题。

2. 知识体系宽

应用型人才不仅应具备基础理论知识和学科专业技术知识，还应具有宽广的学科专业知识体系。因为学科专业知识直接反映当前岗位的工作需求，在实际工作应用中所遇到的问题一般是综合的，可能涉及诸多因素，因此，宽广的学科专业知识体系也是应用型人才的特征。

3. 创新能力强

创新和创造是各种不同层次的人才都应具备的核心特征。很多关键工作岗位不仅需具有良好的职业道德和敬业精神，具有必备的基础理论知识和专门知识，有极强实践能力的人才，更需要一些具有创新意识和创新能力的高层次应用人才进行创造性的劳动，

4. 综合素质好

实际上，应用型本科人才在进行技术开发、生产管理的过程中，专业知识的运用、技能的发挥往往与个人的责任心、道德感、心理素质、意志品质、身体条件等非专业方面的素养关系密切，这些非专业素养直接影响专业工作的效果和质量。因此，应用型本科教育要避免“重专业技能、轻综合素养”、过分重视人的技术价值、工具价值，忽视人自我发展的价值，要从片面强调学生的职业素质转变为兼重综合素质。

（二）抓住机遇，锻炼才能，谋划未来

《“十三五”规划》围绕“产教融合、协同育人”这一主线，按照“基础实、能力强、素质高、善应用”的人才培养标准，积极开展应用型人才培养模式的改革与创新，调整专业设置、重构课程体系、提升师资建设水平、加大教学保障投入、加强校园文化建设，以把学生培养成国家和社会所需的高素质应用型人才。作为学生来说，应利用好学校提供的各项条件，找准自己的发展方向，学习好专业知识，锻炼自己的才能，成功从大学进入职场和社会。具体来说，大学期间，应该从以下方面着手抓住机遇，发展自己。

1. 正确自我评估与定位，做好生涯规划第一步

职业生涯规划是指将个人发展与组织发展相结合，对决定一个人职业生涯的主、客观因素进行分析、总结和测定，确立其职业发展目标，并选择实现这一目标的职业，编制相应的工作、教育和培训的行动计划，对每一个步骤的时间、顺序和方向做出合理的安排。系统的生涯规划是一个“从内向外”的过程。因此，在生涯规划时，首先要认识自己，正确自我评估。自我评估的内容是与个人相关的所有因素，包括个性、兴趣、特长、学识、技能、智商、情商、思维方式等。大学生在大学时期通过思考分析社会的需求和就业机会，并在学业科目、校内外的各项活动和工作中进行试探，通过自我认识、反省、检验形成自我观念。大学生可以借鉴周围不同人物角色的建议，同时可以借助一些信效度较佳的测评工具，帮助自己客观地认识包括职业兴趣、职业能力和性格特征等在内的综合素质，这样才能得到比较正确的、全面的评估结论。

通过对自己的全面评估和认识，了解自己的职业兴趣和素质能力，了解自己的优势和缺点，为下一步发展奠定基础。

2．了解自己外在环境，了解学校和所在专业，分析自己与所学专业的适配度和未来发展机会

首先，了解自己未来就业面对的外在环境。环境因素对个人的职业生涯发展有极大的影响，作为社会中的人，只有顺应环境的需要，才能最大限度地发挥个人的优势，实现职业生涯的目标。环境评估的内容包括：对社会政治经济环境、职业环境和家庭环境要充分认识与分析，即了解、评估环境因素对自己职业生涯发展的影响。对于当下的学生来说，要充分认识我国经济发展进入新常态，国家在走创新驱动发展道路，正在努力从制造大国迈向制造强国，对人才的需求发生变化。我们要清醒地认识到这种环境下我们所学习的专业、未来所从事的职业的发展前景，了解市场、行业发展趋势，认清环境对自己的有利条件与不利条件，从而做出对自己有利的判断。

其次，了解学校的专业建设情况。我校在“十三五”期间，主动对接“一带一路”倡议和“中国制造 2025”等国家重大发展战略，紧紧围绕四川省优势产业、战略性新兴产业、高端成长型产业和新兴先导型服务业等对人才的需求，不断优化学科专业结构，逐步构建学科专业集群四个专业集群，即以机械工程、材料科学与工程、环境科学与工程等学科为支撑，围绕以智能制造为重点方向的高端装备制造产业，优化材料成型与控制工程、材料科学与工程、机械设计制造及其自动化、机械电子工程、机械工程、汽车服务工程、测控技术与仪器、节能环保、优化环境科学与工程等学科专业，打造以机电、3D 打印（增材制造）、电加工技术、工业机器人、无人机等为优势和特色的“智能制造学科专业集群”；以电子科学与技术、信息与通信工程、电气工程为支撑，围绕电子信息产业，优化电子信息工程、微电子科学与工程、电子科学与技术、通信工程、信息工程、电气工程及自动化、自动化等专业，打造以高密度封装及三维（3D）微组装技术、无线电频率检测、自动化控制为优势和特色的“电子信息学科专业集群”；以计算机科学与技术、软件工程等学科为支撑，围绕新兴信息产业，优化计算机科学与技术、网络工程、软件工程、数字媒体技术等专业，打造以工业物联网、大数据分析等为发展趋势和特色的“互联网+学科专业集群”；以工商管理、统计等学科为支撑，对接四川省工业发展需求，优化物流管理、国际商务、应用统计等专业，关注网络经济管理等新兴产业，构建“管理服务学科专业集群”。可以说我校的专业建设是紧跟了国家和地方发展战略，培养的人才是社会和行业所需的，学生有比较好的发展前景。

最后，充分了解自己所学专业。通过新生入学教育，各院系会向学生全面介绍专业情况，帮助学生认识自己所学专业，了解未来就业方向。同时，学校也为学生多样化发展打开了方便之门。对于觉得自己与专业不匹配，对其他专业更感兴趣、认为其他专业

更能发挥自己所长的学生，在就读满一学期以后，符合转专业条件的，可以向学校申请转专业。这也体现了学校以学生为本，尊重学生的选择权，更好地促进学生发展的人本关怀。

3．增长知识，锻炼才能，全面发展

在全面认识自己，了解自己所学的专业后，学生应该明确自己未来发展方向。虽然学校是应用型大学，但学生的发展不是只有一个目标，就业、考研都是可以选择的目标。目标一旦确定，就应该了解到达目标所需要具备的条件，比照自身的不足，制定行动方案，朝着目标迈进，直至目标实现。在制定目标时，一定要记住，青年人只有把自己的理想和国家民族的发展联系起来才能达成目标，实现自己的人生价值。

（1）制定行动方案

在确定目标后，就要制订相应的行动方案来实现它们，把目标转化成具体的方案和措施。对于大学生来说，这一过程最重要的是与职业选择相应的教育和培训计划的制订。主要解决的问题是：对于已经制订的计划，采用什么途径去实现它，如何能做得更好。方案的制订因专业和学科而异，因环境而异，因人而异，即使同在一个学校、同一个专业，但因个人兴趣、能力、价值观等不同，发展路径也会不同，行动方案也会不同。同时，方案还需根据计划的变更和环境的变换适时做出调整，以保证行动方案与计划吻合，从而一步一步地实现自己的职业理想。

（2）加强专业学习，提高专业技能

专业知识学习是大学生在校期间的主要任务，专业知识也是大学毕业生今后走上工作岗位的重要“武器”。因此，大学生务必要了解所学专业与将来从事的职业之间的联系，重视专业学习。在现代社会里，一个人不经过专业学习，不掌握一定的专业知识和技能就很难就业，更谈不上实现职业理想。因此，学生务必抓住在校期间的学习机会，充分利用学校提供的学习平台，包括课堂理论学习、企业学习实践、实验操作、学科竞赛、专业讲座等，以及为了提升专业学习的校外系统培训等途径，努力提高自身专业知识，为实现职业目标打下基础。

学校“十三五”期间将为学生的专业知识学习和专业技能的提高创造良好的条件。首先，学校产教融合、协同育人的人才培养模式正逐步形成，学生将得到更多来自企业对自己的培养教育，了解最新的产业发展情况，有更多的实践操作锻炼机会；其次，各院系正大力推进的教学方法改革，通过引进新的教学理念和教学手段，改革教学评价监控体系，不断提高课堂教学质量；再次，大量“双师型”队伍的加入，弥补以往教师中实践能力不足的问题，促进应用型人才的培养；同时，学校的大量教学设备投入、实验室的建设、智慧校园的建设都为学生的学习提供更优质便捷的条件，有利于学生专业能力的提高。

（3）积极参加社会实践，全面提高自己的素质和能力

在当前就业市场竞争异常激烈的情形下，企业看重的不仅是学生的专业技能，还有学生的发展能力，更重视人才的综合素质。因此，大学生在学好专业知识的同时，必须努力提高自己的综合能力和素质。具体来说，在能力上，大学生应该努力提高自己的适应能力、表达能力、人际交往能力、组织管理能力、问题解决能力、团队精神、创新能力等，在个人素质上，努力提高自己的思想政治素质、职业道德素质、科学文化素质、身心素质。

学校特别重视学生创新精神的培养。在《“十三五”规划》中，将“实施大学生创新创业能力提升工程”作为全面提高人才培养质量的重要措施写进了规划中。通过设立创新创业学院、出台《创新创业学分认定管理暂行办法》、构建创新创业课程体系、开展创新创业活动、建设多样化的创新创业平台，培养学生的创新精神和创业素养，为同学的创新创业创造条件。同学们可加入创新创业团队、申请创新创业项目，获得资金、场地、设备等的支持。同学们还可以积极参与创业培训课程、参与大学生创业俱乐部、参与创新创业大赛等，丰富自己的创业知识，提高自己的创新创业能力。

大学生要全面提高自己的素质，要充分利用学校和社会提供的各种机会和有利平台，积极参加各类学生组织和实践活动，比如参加学生联合会、学生事务管理委员会、各类学生社团等，积极参加运动竞赛、演讲比赛、辩论比赛、文艺演出等各类学生文体活动、参与志愿服务、暑期“三下乡”等社会实践以及社会兼职等。在与人交往和活动中体验社会角色，从社会中收获直观的认识，培养自身适应社会、融入社会的能力，不断地提高自身的综合素质、思想道德水平和过硬的心理品质，培养吃苦耐劳精神等。

链接十　加快构建现代产业体系　成都产业新政 50 条出台（节选）

……

二、加快人才集聚培育

1. 加强高端人才激励。对国际顶尖人才（团队）来蓉创新创业给予最高 1 亿元综合资助；对“两院”院士、国家“千人计划”“万人计划”专家等来蓉创新创业或做出重大贡献的本土创新型企业家、科技人才给予最高 300 万元的资金资助。对市域实体经济和新经济领域年收入 50 万元以上的人才，按其贡献给予不超过其年度个人收入 5%的奖励；对全市重点产业、战略性新兴产业企业新引进的急需紧缺专业技术人才和高技能人才，3 年内给予每人最高 3000 元/月的安家补贴。

2. 鼓励青年大学生在蓉创新创业。具有普通全日制大学本科及以上学历的青年人才，凭毕业证来蓉即可申请办理落户手续。对毕业5年内在蓉创业的大学生，给予最高50万元、最长3年贷款期限和全额贴息支持。在华高校外国留学生来蓉创新创业，可申请最长5年私人事务类居留许可。为境外高校外籍毕业生来蓉实习提供实习签证。每年4月最后一周的星期六设为“蓉漂人才日”。开展“感知成都行”活动，每年暑期邀请国内外知名高校学生来蓉考察实践。

3. 大力培育高技能人才。支持在蓉高校和职业技术（技工）院校根据成都产业发展需要调整学科（专业）设置，给予最高2000万元补贴。鼓励在蓉企业与高校、职业技术（技工）院校合作开展人才培养，给予最高500万元补贴；合作建设学生实训（实习）基地，给予最高100万元补贴。对企业提升职工技能和专业技术水平给予每人最高6000元职业培训补贴奖励。支持企业建立首席技师制度并对设立首席技师工作室的给予最高10万元补贴。

4. 发放“蓉城人才绿卡”。对各类急需紧缺人才发放“蓉城人才绿卡”。实行“人才绿卡”积分制，根据积分对持卡人分层分类提供住房、落户、配偶就业、子女入园入学、医疗、出入境和停居留便利、创业扶持等服务保障。建立人才服务专员制度，对重点人才（团队）项目，提供“一对一”人才专员服务。

5. 加强人才住房保障。对急需紧缺人才提供人才公寓租赁服务，租住政府提供的人才公寓满5年按其贡献以不高于入住时市场价格购买该公寓。在产业新城建设配套租赁住房，由各区（市）县政府根据企业和项目情况，按市场租金的一定比例提供给产业高技能人才租住。鼓励用人单位按城市规划与土地出让管理有关规定自建人才公寓，提供给本单位基础人才租住。外地本科及以上学历的应届毕业生来蓉应聘，可提供青年人才驿站，7天内免费入住。

6. 开展全民技术技能培训。设立1.6亿元专项资金，支持职业技术（技工）院校、高技能人才培训基地、技能大师工作室面向社会开放培训资源，向有就业创业愿望的市民提供免费培训，并对新取得职业资格证书的全额报销考试费用。

……

——四川新闻网

链接十一　本科工程型人才培养通用标准

1. 具有良好的工程职业道德、追求卓越的态度、爱国敬业和艰苦奋斗精神、较强的社会责任感和较好的人文素养；

2. 具有从事工程工作所需的相关数学、自然科学知识以及一定的经济管理等人文社会科学知识；

3. 具有良好的质量、安全、效益、环境、职业健康和服务意识；

4. 掌握扎实的工程基础知识和本专业的基本理论知识，了解生产工艺、设备与制造系统，了解本专业的发展现状和趋势；

5. 具有分析、提出方案并解决工程实际问题的能力，能够参与生产及运作系统的设计，并具有运行和维护能力；

6. 具有较强的创新意识和进行产品开发和设计、技术改造与创新的初步能力；

7. 具有信息获取和职业发展学习能力；

8. 了解本专业领域技术标准，相关行业的政策、法律和法规；

9. 具有较好的组织管理能力、较强的交流沟通、环境适应和团队合作的能力；

10. 应对危机与突发事件的初步能力；

11. 具有一定的国际视野和跨文化环境下的交流、竞争与合作的初步能力。

——教育部、中国工程院关于印发《卓越工程师教育培养计划通用标准》的通知

教高函[2013]15号

链接十二　李开复：现代企业需要的7种人才

1. 融会贯通：不仅能够掌握书本知识，而且具备思考的能力，懂得自学、自修的方法，并可以将学到的知识灵活运用于生活和工作实践，懂得做事与做人的道理。

2. 创新与实践相结合：从根本上说，价值源于创新，但创新只有与实践相结合才能发挥最大的效力。“为了创新而创新”的倾向是最不可取的。反之，在实践过程中，我们也不能只局限于重复性的工作，而应当时时不忘创新，以创新推动实践，以创新引导实践。只有这样，我们才能不断研发出卓越的产品。

3. 跨领域的综合性人才：21世纪是各学科、各产业相互融合、相互促进的世纪。现代社会和现代企业不但要求我们在某个特定专业拥有深厚的造诣，还要求我们了解甚至通晓相关专业、相关领域的知识，并善于将来自两个、三个甚至更多领域的技能结合起来综合应用于具体的问题。

4. 三商兼高（IQ + EQ + SQ）：一个人能否取得成功，不只要看他的学习成绩或智商（IQ）的高低，而要看他在智商（IQ）、情商（EQ）、灵商（SQ）这三个方面达到了均衡发展。

高智商（IQ，Intelligence Quotient）：高智商不但代表着聪明才智，也代表着有创意，善于独立思考和解决问题。

高情商（EQ，Emotional Quotient）：情商是认识自我、控制情绪、激励自己以及处理人际关系、参与团队合作等相关的个人能力的总称。在高级管理者中，情商的重要性是智商重要性的 9 倍。

高灵商（SQ，Spiritual Quotient）：高灵商代表有正确的价值观，能否分辨是非，甄别真伪。那些没有正确价值观指引，无法分辨是非黑白的人，其他方面的能力越强，对他人的危害也就越大。

5. 沟通与合作：沟通与合作能力是新世纪对人才的基本要求。在 21 世纪，我们需要的是“高情商的合作者”，而不再是孤僻、自傲的“天才”。

6. 从事热爱的工作：真正自觉、自信的人会根据自己的兴趣、爱好来选择工作——因为只有做自己热爱的工作，才能真心投入，才能在工作的每一天都充满激情和欢笑。这样的人才是最幸福和最快乐的人，他们最容易在事业上取得最大的成功。

7. 积极乐观：在机遇稍纵即逝的 21 世纪里，如果不能主动把握机会甚至创造机会，机会也许就再也不会降临到你的身边，如果不能主动让别人了解你的能力与才干，你也许就会永远与你心仪的工作无缘。同样的，畏惧失败的人会在失败面前跌倒，并彻底丧失继续尝试的勇气；而乐观向上的人却总能把失败看作自己前进的动力。显然，积极乐观的人更容易适应 21 世纪的竞争环境，更容易在不断提高自己的过程中走向成功。

——网易新闻

思考题

1. 学校为转型发展奠定了怎样的发展基础？
2. 学校转型发展面临怎样的机遇与挑战？
3. “十三五”时期学校发展的目标是什么？
4. 应用型本科人才的特征是什么？
5. 大学期间，如何抓住机遇锻炼自己的才能，全面发展自己？

延伸阅读

1. 成都工业学院章程
2. 成都工业学院全面深化综合改革指导意见
3. 成都工业学院“十三五”教育事业发展规划
4. 国务院关于加快发展现代职业教育的决定
5. 中共中央国务院关于深化体制机制改革加快实施创新驱动发展战略的若干意见
6. 教育部、国家发改委、财政部关于引导部分地方普通本科高校向应用型转变的指导意见
7. 中国制造2025
8. 国家新型城镇化规划（2014～2020年）
9. 四川省“十三五”工业发展规划

第三讲　习近平治国理政新理念新思想新战略

教学目的

通过本章学习，使大学生深入了解以习近平同志为核心的党中央治国理政新理念新思想新战略形成的时代背景、重大意义、科学内涵和核心要义，不断深化对马克思主义中国化最新理论成果的理解和认识。

教学重点和难点

党中央治国理政新理念新思想新战略

主要内容

1. 党中央治国理政新理念新思想新战略形成的时代背景
2. 党中央治国理政新理念新思想新战略的基本内涵
3. 党中央治国理政新理念新思想新战略彰显的科学思维

党的十八大以来，以习近平同志为核心的党中央着眼当代中国由大向强发展的时代目标，在治国理政新的实践中，把握时代大趋势，回答实践新要求，顺应人民新期待，以实现中华民族伟大复兴的中国梦为指引，锐意进取、励精图治，以新的理论和实践，深化了我们党对共产党执政规律、社会主义建设规律、人类社会发展规律的认识，形成了一系列治国理政新理念新思想新战略。这是党科学把握当代中国实际和时代特征推进马克思主义中国化的最新成果，是夺取全面建成小康社会新胜利、加快推进社会主义现代化的科学理论指导和行动指南。

一、党中央治国理政新理念新思想新战略形成的时代背景

伟大的思想孕育于伟大的时代，要准确把握党中央治国理政新理念新思想新战略，首先应把握其所处的时代背景。

链接一　　习近平谈治国理政

《习近平谈治国理政》收入了习近平总书记在 2012 年 11 月 15 日至 2014 年 6 月 13 日这段时间内的讲话、谈话、演讲、答问、批示、贺信等 79 篇，分为 18 个专题。为帮助各国读者了解中国社会制度和历史文化，本书作了必要注释。本书还收入了习近平总书记各个时期的照片 45 幅，帮助读者了解他的工作和生活。党的十八大以来，以习近平同志为总书记的党中央，带领全党全国各族人民开启了改革开放和现代化建设的新征程。在治国理政新的实践中，习总书记发表了一系列重要论述，提出了许多新思想新观点新论断，深刻回答了新的时代条件下党和国家发展的重大理论和现实问题，集中展示了中央领导集体的治国理念和执政方略。《习近平谈治国理政》全面系统地回答了新的时代条件下中国发展的重大理论和现实问题，是国际社会了解当代中国的重要窗口、寻找中国问题答案的一把钥匙。

——百度百科

（一）中国正步入“发展起来时期”

邓小平曾指出：我国发展起来以后的问题不比不发展时少。习近平总书记强调：“当前，全党面临的一个重要课题，就是如何正确认识和妥善处理我国发展起来后不断出现的新情况新问题。”从我国改革开放说起，1978 年年初，我国总体上处于“未发展起来时期”；自从我国成为世界第二大经济体以后，尤其是党的十八大以来，我国总体上正步入“发展起来时期”。这里讲的“发展起来时期”是相对于“未发展起来时期”而言的，它依然处在社会主义初级阶段。

一般来说，不同的历史发展时期所提出的历史任务、实践要求和根本问题往往也不一样。改革开放初期，邓小平所思考的，大多是“未发展起来时期”所凸显出来的根本问题和必须解决的任务。比如，邓小平同志提出党的全部工作要以经济建设为中心，要把解放和发展社会生产力作为首要根本任务。从哲学上讲，这主要是解决人的“生存需要”问题。习近平总书记所思考的，总体上是我国进入“发展起来时期”，由大国成为强国所呈现出来的问题；以习近平同志为核心的党中央治国理政的主要使命也是完成这一时期所提出的历史任务，即实现“两个一百年”奋斗目标和中华民族伟大复兴的中国梦。从哲学上讲，这主要解决的是人的“发展需要”和“发展能力”。

（二）中国正处在整体转型升级时期

当前，我国经济社会发展呈现出“整体转型升级”的特征。

生产力的转型升级是由“要素驱动、投资规模驱动”走向更加注重“创新驱动”。习近平总书记指出，改革开放以来，我国经济社会发展取得了举世瞩目的成就，经济总量跃居世界第二，众多主要经济指标名列世界前列，但是，必须清醒地看到，我国经济规模很大，但依然大而不强，我国经济增速很快，但快而不优。主要依靠资源等要素投入推动经济增长和规模扩张的粗放型发展方式是不可持续的。我国发展的内在要求就是由要素驱动、投资规模驱动走向更加注重创新驱动。马克思主义的观点认为，科技是第一生产力，以科技推动经济的增长。科技要想成为推动经济增长的主要因素，前提就是要创新。只有技术创新、制度创新和理念创新等方面有所突破，才能把资源在更高层次上加以合理的利用。党的十八大以来，党中央明确提出了“创新发展”“大众创业、万众创新”等大战略、大思路，并在实践中大力推进、实施。

链接二　教育部：大力发展众创空间　支撑大学生创新创业

人民网北京 12 月 21 日电（记者林露）　记者从教育部获悉，教育部近日印发的《高等学校“十三五”科学和技术发展规划》提出，要大力发展众创空间支撑大学生创新创业。

《规划》提出，运用移动互联网、大数据、云计算等现代信息技术，发展新型创业服务模式。依托高校建立一批低成本、便利化、开放式众创空间和虚拟创新社区。

依托大学科技园区建立大学生创业实践基地，为学生创业提供工作空间、网络空间、社交空间和共享空间，降低创新创业成本和门槛。

加强高校对创新创业空间的服务和支持。开放校内科技资源、体育设施、生活设施资源，支持创新创业。开放高校科技讲座资源，组织提供多种形式的创新创业辅导和职业继续教育。

依托科技创新资源构建创新创业教育支持体系。培育跨学科、跨领域的科研教学团队，增强学生创新精神和创业能力。

建立大学生创新创业扶持基金。鼓励学生利用自主知识产权实施成果转化和产业化。探索学生可休学创业的弹性学习制度。

——人民网-教育频道

生产关系的转型升级是由“一部分人先富起来”走向更加注重“共同富裕”。改革开放初期，为解决效率问题，我们强调使一部分人先富起来，以先富带后富。随着社会发展，收入差距等问题逐渐扩大，人们对公平正义的诉求日趋增强，这就在实践上进一步提出了“促进公平正义、增进人民福祉”“使全体人民共享发展成果”的新要求。由此，党的十八大以来，党中央不仅强调走共同富裕道路，树立以人民为中心的发展思想，而且提出“共享发展”理念，推行“精准扶贫”等重大举措。实现共享发展，深刻反映了我国发展起来以后实践的新要求。

国家权力运作方式的转型是由“国家主导”走向更加注重“国家治理”。改革开放初期，我国现代化建设的首要任务是“做大蛋糕”“追赶西方”。国家主导体制对完成这两大任务最有效。体制优势在于可以集中力量办大事、办成事。当前各种矛盾和问题进入多发期，我们强调要通过全面深化改革来解决上述矛盾及其难题。党的十八届三中全会（于 2013 年 11 月 9～12 日在北京召开）提出：“全面深化改革的总目标是完善和发展中国特色社会主义制度，推进国家治理体系和治理能力现代化。”其实质，就是要更加注重“国家治理”，注重协商共治，推进国家治理体系和治理能力现代化。习近平总书记深刻指出：“推进国家治理体系和治理能力现代化，就是要适应时代变化，既改革不适应实践发展要求的体制机制、法律法规，又不断构建新的体制机制、法律法规”，“实现党、国家、社会各项事务治理制度化、规范化、程序化”。

整体社会发展水平的转型升级是由非均衡发展走向更加注重全面协调发展。在我国“未发展起来时期”，我们常常实行的是“非均衡”发展战略，强调“重点”突破。在我国“发展起来时期”，经济社会整体发展水平比较高，具备了较为雄厚的物质基础，不仅各个发展主体都提出了发展诉求，而且各种力量都力求影响我国经济社会发展。在这种情境下便提出了新的要求，这就是更加注重全面协调发展。

（三）中国正处在实现民族复兴的关键时期

2012 年 11 月 29 日，习近平同志在参观《复兴之路》展览时说，“每个人都有理想和追求，都有自己的梦想。我以为，实现中华民族伟大复兴就是中华民族近代以来最伟大的梦想”，并指出，“中国梦是历史的、现实的，也是未来的”。中国梦是中国共产党第十八次全国代表大会召开以来，习近平总书记所提出的重要指导思想和重要执政理念。从历史看，“实现中国梦是中华民族近代以来最伟大的梦想”；从现实看，今天“我们比历史上任何时期都更接近中华民族伟大复兴的目标”；从未来看，“人民对美好生活的向往就是我们的奋斗目标”。“中国梦”的核心目标也可以概括为“两个一百年”的目标，也就是：在中国共产党成立一百年时全面建成小康社会，这是中国梦的第一个宏伟目标；在中华人民共和国成立一百年时建成富强民主文明和谐的社会主义现代化国家，这是中国梦的第二个宏伟目标。

实现民族复兴是鸦片战争 170 多年以来中国历史发展的一条主线，是中国共产党 90 多年革命建设改革历史的永恒主题，党中央治国理政新理念新思想新战略的内在逻辑、核心要义，都是围绕实现中华民族伟大复兴的中国梦而展开的。正如《习近平总书记系列重要讲话读本（2016 年版）》所概括的：习近平总书记系列重要讲话是一个系统完整的科学理论体系，其中，实现中华民族伟大复兴居于引领地位。

链接三　习近平治国的“一二三四五”

党的十八大以来，习近平的治理风格给世界留下深刻印象，呈现出一个现代政治家的气质。他不仅谙熟中国历史与传统，对西方世界的治理也很熟悉。这两年多的中国治理，明显地融合了传统智慧和西方经验。在他的视域里，贯穿着可凝结为“一二三四五”的执政思路和治理方向。

“一”、提出一个“中国梦”的伟大愿景

党的十八大后不久，习近平就在参观“复兴之路”展览时，第一次提出“中国梦”。很明显，他是在宣示，这将是我的重大执政理念。习近平追求的“大同社会”就是十二字：国家富强、民族振兴、人民幸福。

“二”、提出“两个一百年”的奋斗目标

习近平任起草小组组长的党的十八大报告正式提出“两个一百年”，第一个一百年是到中国共产党成立100年时（2021年）全面建成小康社会；第二个一百年是到新中国成立100年时（2049年）建成富强、民主、文明、和谐的社会主义现代化国家。中共作为当今世界上最大的政党、最大的执政党，有着一份历史担当，那就是让人民过上好日子。这也是这个政党从成立第一天就被赋予的使命。同样，在世界上最大的马克思主义政党治理下的国家，如果一百年可以成为富强、民主、文明、和谐的社会主义现代化国家，那就是党的一份政治承诺。

“三”、提出“三严三实”的治党风格

领导干部“既严以修身、严以用权、严于律己，又谋事要实、创业要实、做人要实。”突出“严”和“实”，贯穿习近平三十多年的从政生涯。习近平是中共历史上罕见的一阶一阶晋升的政治领导人，在党的十七大时就开始分管党建工作，深知地方治理需务实为重，治党要严字当头。可以说，落马官员无一不是在“三严三实”上麻痹大意，以致锒铛入狱，追悔不已。

“四”、提出“四个全面”的战略方针

协调推进全面建成小康社会、全面深化改革、全面推进依法治国、全面从严治党。“全面建成小康社会”是党的十八大提出的战略目标。习近平上任以来的十八届三中、四中全会则分别提出了“全面深化改革”“全面推进依法治国”的治理方略。中共的成功、中国道路的成功，最大的密匙便是保持改革的常态。而现代治理无一不是法治治理。“全面从严治党”则是习近平对中共在中国执政的深刻思考。

“五”、提出“五位一体”的发展思路

习近平任起草小组组长的党的十八大报告，提出了经济建设、政治建设、文化建设、社会建设、生态文明建设五位一体总体布局，丰富了“现代化”的理论体系。人们的幸福感与生态环境的关联性越来越高。习近平提出“五位一体”，可谓敬畏民意，顺应现代国家的发展趋势。

——人民网

（四）中国正处在进行具有许多新的历史特点的伟大斗争时期

现阶段，面对复杂多变的国内外形势，我们党面临前所未有的风险和挑战。

我们党面临着“四种挑战”。一是一些国家对我国围堵打压的挑战。尽管我国一再强调和平发展、合作共赢，但作为世界上第二大经济体的新兴大国，难免被某些国家视为“威胁”，这些国家就会防范甚至纵容其他国家对我国进行围堵打压，影响着国家安全。二是国外社会思潮对我国意识形态的挑战。西方“普世价值”“宪政民主”“新自由主义”“历史虚无主义”等思潮往往通过不同途径、不同方式向我国渗透，竭力冲破我们的心理防线、精神防线和思想防线，影响着我国意识形态安全。三是民族分裂主义的挑战。其主要包括“疆独”“藏独”“台独”势力所挑起的各种事端等，影响着民族安全。四是改革发展稳定遇到诸多难题的挑战。我们既面临着过去我国发展进程中积累起来的矛盾和难题，如体制机制弊端和利益固化藩篱，又面临着我国发展起来以后出现的新的矛盾和问题，如发展方面存在的矛盾、问题和短板，以及经济发展新常态背景下供给侧结构性改革和经济下行压力所产生的矛盾和问题，这些都影响着我国政治安全和社会安全。

我们党面临着“四大考验”。一是长期执政的考验。在我们党执政环境日趋复杂的背景下，如何提高党的执政能力并保持党的先进性和纯洁性，以巩固党的执政地位？二是改革开放的考验。在全面深化改革开放的进程中，如何坚定不移地坚持和发展中国特色社会主义？三是市场经济的考验。在社会主义市场经济发展进程中，我们党如何有效抵御世俗化、功利化、金钱化对党的先进性、纯洁性所产生的负面影响？四是外部环境的考验。我们党所面临的国际环境和周边环境日趋复杂严峻，各种围堵、遏制、打压、分化、唱衰中国的行径日趋激烈。在这种情境下，怎样才能顶住压力并积极作为？

我们党面临着“四种危险”。一是精神懈怠的危险，有些党员干部缺乏理想信念，缺乏自信，缺乏斗志；二是能力不足的危险，有些党员干部缺乏工作制胜的本领，存在着本领恐慌，难以胜任所肩负的历史重任；三是脱离群众的危险，有些党员干部“四风”严重，高高在上，脱离群众，背离了党同人民群众密切联系的优良传统；四是消极腐败的危险，一些领域腐败现象易发多发，严重侵蚀我们党的肌体。

正因为此，我党要积极应对上述挑战、考验和危险，要有效破解推进中国特色社会主义伟大事业和实现中华民族伟大复兴进程中出现的诸多难题，习近平总书记反复强调：发展中国特色社会主义是一项长期的艰巨的历史任务，必须准备进行具有许多新的历史特点的伟大斗争。

二、党中央治国理政新理念新思想新战略的基本内涵

党的十八大以来，面对复杂局面，以习近平同志为核心的党中央带领全党全军全国各族人民，总揽战略全局，把握发展大势，在改革发展稳定、内政外交国防、治党治国治军等方面取得了一系列具有重大现实意义和深远历史意义的成就，重要领域和关键环节改革取得突破性进展，全面建成小康社会决战决胜迈出坚实步伐，在治国理政道路上开辟出全新征程，在治国理政的实践中提出了一系列新理念新思想新战略，有着深刻而丰富的内涵。

（一）党中央治国理政新理念：以为民为核心价值、以担当为政治责任、以发展为第一要务

治国理政理念是治国理政主体对治国理政的基本观点，是其指导治国理政的根本原则，决定着治国理政的总体方向和最终成效。习近平总书记在俄罗斯索契接受俄罗斯电视台专访时明确指出："我的执政理念，概括起来说就是：为人民服务，担当起该担当的责任。"由此可见，党的十八大以来党中央在治国理政各领域形成的丰富理念，集中概括起来就是"为民""担当""发展"，其中，为民是核心价值理念，担当是政治责任理念，发展是第一要务理念。

> 发展理念是发展行动的先导，是管全局、管根本、管方向、管长远的东西，是发展思路、发展方向、发展着力点的集中体现。
>
> ——习近平

为民理念集中体现为"为人民服务"。为谁治国理政是确立治国理政理念要回答的首要问题，决定着治国理政的核心价值。习近平总书记明确把"为人民服务"摆在执政理念的首要位置，表明为民是我们党治国理政的核心价值理念。以习近平同志为核心的党中央始终站在最广大人民的立场上，紧紧围绕最广大人民的根本利益治国理政。"人民对美好生活的向往就是我们的奋斗目标"，"始终把人民放在心中最高的位置"，"坚持以人民为中心的发展思想"，"民心是最大的政治"，这些都表明：新一届党中央极其鲜明地确立了为民理念，并把为民理念转化为党的路线方针和政策，融入治国理政的实践中。

链接四　党的群众路线教育实践活动

主要任务：教育引导党员干部树立群众观点，弘扬优良作风，解决突出问题，保持清廉本色，使干部作风进一步转变，干群关系进一步密切，为民务实清廉形象进一步树立。

总体要求：要坚持围绕中心、服务大局，全面贯彻落实党的十八大提出的各项任务要求，把作风建设放在突出位置，以作风建设的新成效凝聚起推动事业发展的强大力量。要落实为民务实清廉的要求；要牢牢把握基本原则；要着力解决突出问题。

要落实为民务实清廉的要求：

为民，就是要坚持人民创造历史、人民是真正的英雄，坚持以人为本、人民至上。

务实，就是要求真务实、真抓实干，发扬理论联系实际之风。

清廉，就是要自觉遵守党章，严格执行廉政准则，主动接受监督。

要牢牢把握基本原则：正面教育为主、批评和自我批评、讲求实效、分类指导和领导带头。

要着力解决突出问题：坚决反对形式主义；坚决反对官僚主义；坚决反对享乐主义；坚决反对奢靡之风。

——百度百科

担当理念集中体现为“担当起该担当的责任”。治国理政要担当什么样的政治责任，这是执政主体要回答的中心问题。对此，习近平总书记强调，“担当起该担当的责任”，表明担当是我们党治国理政的政治责任理念。现在，我们要更加有效地应对各种风险和挑战，切实推动中国实现由大向强的跃升，就必须牢固树立担当理念。为此，习近平总书记多次强调领导干部要敢于担当，多次强调要有“铁一般担当”，明确把“敢于担当”列为“好干部”应有的标准要求之一。以习近平同志为核心的党中央，以打铁就靠自身硬的豪气和胆气，勇敢担当起治国理政的历史使命。

发展理念集中体现为“创新、协调、绿色、开放、共享”。按照历史唯物主义观点，发展是人类社会的永恒主题。通过怎样的发展来强国富民是治国理政的第一要务。任何治国理政活动都可归结到谋求和促进生产力发展上来。发展理念，具体展开为创新、协调、绿色、开放、共享这五大理念，其中，创新是引领发展的第一动力，协调是持续健康发展的内在要求，绿色是永续发展的必要条件和人民对美好生活追求的重要体现，开放是国家繁荣发展的必由之路，共享是中国特色社会主义的本质要求。这五大理念相互贯通、相互促进，是具有内在联系的理念集合，共同构成新一届党中央治国理政的发展理念。

（二）党中央治国理政新思想：以坚持和发展中国特色社会主义为主题、以总布局各领域创新理论为支撑

治国理政思想是治国理政理念的系统展开，是治国理政主体彰显治国理政理念的主张和思路，也是实施治国理政战略的根本依据。从这个意义上讲，治国理政思想包括了治国理政理念和战略。因此，新思想在党中央治国理政新理念新思想新战略中占有核心地位。十八届五中全会《建议》在提出治国理政新理念新思想新战略这一概念之前，对"坚持和发展中国特色社会主义"作了专门阐述。这充分表明，党中央治国理政新理念新思想新战略是以坚持和发展中国特色社会主义为主题的科学体系的新发展。由于新思想具有核心地位，坚持和发展中国特色社会主义这一主题主要体现在治国理政新思想之中。应当看到，党中央围绕这一主题推进的理论创新不仅体现在关于坚持和发展中国特色社会主义的论述中，还体现在关于推进中国特色社会主义总布局各个领域建设的论述中，前者是治国理政新思想的统领和灵魂，后者是支撑和展开。

——关于从总体上阐述中国特色社会主义的新思想。习近平总书记指出："党的十八大精神，说一千道一万，归结为一点，就是坚持和发展中国特色社会主义。"党的十八大以来，全党全国工作的主题都可以归结为坚持和发展中国特色社会主义。治国理政的实践取得的巨大成就都是在以习近平同志为核心的党中央坚强领导下，坚持和发展中国特色社会主义的结果。党的领导是坚持和发展中国特色社会主义的核心力量，人民群众是坚持和发展中国特色社会主义的主体力量，民族凝聚力是坚持和发展中国特色社会主义的基础力量。中国特色社会主义道路是实现途径，中国特色社会主义理论体系是行动指南，中国特色社会主义制度是根本保障，我们必须坚持道路、理论体系、制度的统一，三者统一于中国特色社会主义伟大实践。我们要牢记社会主义初级阶段总依据，按照"五位一体"总布局，落实实现社会主义现代化和中华民族伟大复兴的总任务，贯彻基本要求，不断丰富中国特色社会主义的实践特色、理论特色、民族特色、时代特色，毫不动摇坚持、与时俱进发展中国特色社会主义。

——关于经济发展新常态的新思想。习近平总书记强调，新常态下，我国经济增长速度要从高速转向中高速，发展方式要从规模速度型转向质量效率型，经济结构调整要从增量扩能为主转向调整存量、做优增量并举，发展动力要从主要依靠资源和低成本劳动力等要素投入转向创新驱动。这些变化不以人的意志为转移，是我国经济发展阶段性特征的必然要求。我们必须按照适应新常态、把握新常态、引领新常态的总要求进行战略谋划。要坚持改革开放，坚持稳中求进总基调，坚持稳增长、调结构、惠民生、防风险，保持经济运行在合理区间。在适度扩大总需求的同时，着力加强供给侧结构性改革，着力提高供给体系质量和效率，增强经济持续增长动力，推动我国社会生产力水平实现整体跃升。

——关于走中国特色社会主义政治发展道路的新思想。走中国特色社会主义政治发展道路，关键是要坚持党的领导、人民当家做主、依法治国有机统一。这是我们推进政治文明建设必须遵循的基本方针，也是我国社会主义政治文明的本质特征。走中国特色社会主义政治发展道路，必须继续积极稳妥推进政治体制改革，发展更加广泛、更加充分、更加健全的人民民主。要充分发挥我国社会主义政治制度优越性，积极借鉴人类政治文明有益成果，但绝不照搬西方政治制度模式。

——关于提高国家文化软实力的新思想。提高国家文化软实力，是党中央在当代中国和当今世界两方面都发生广泛而深刻的变革和变化的背景下，尤其是针对全球范围内和平与发展的新形势新特点而提出的一个崭新理念。习近平总书记围绕努力夯实国家文化软实力的根基、努力传播当代中国价值观念、努力展示中华文化独特魅力、努力提高国际话语权四个方面所做的精辟阐述是建设社会主义文化强国、提高国家文化软实力的根本指引。提高国家文化软实力，要坚持走中国特色社会主义文化发展道路，深入开展社会主义核心价值体系学习教育，广泛开展理想信念教育，大力弘扬民族精神和时代精神，朝着建设社会主义文化强国的目标不断前进。要加强提炼和阐释中国特色社会主义价值观念，拓展对外传播平台和载体，把当代中国价值观念贯穿于国际交流和传播的方方面面。要努力展示中华文化独特魅力，使中华民族最基本的文化基因与当代文化相适应、与现代社会相协调。要努力提高国际话语权，着力推进国际传播能力建设，创新对外宣传方式，精心构建对外话语体系，发挥好新兴媒体作用，增强对外话语的创造力、感召力、公信力。

——关于促进社会公平正义的新思想。习近平总书记强调："公平正义是我们党追求的一个非常崇高的价值，全心全意为人民服务的宗旨决定了我们必须追求公平正义，保护人民权益、伸张正义。"全面深化改革必须以促进社会公平正义、增进人民福祉为出发点和落脚点。要把促进社会公平正义、增进人民福祉作为一面镜子，审视我们各方面体制机制和政策规定，通过深化改革，完善制度，强化监管，综合施策，努力形成合理有序的收入分配格局，使发展成果更多更公平惠及全体人民。

——关于走向生态文明新时代的新思想。良好生态环境是最公平的公共产品，是最普惠的民生福祉。要按照尊重自然、顺应自然、保护自然的理念，贯彻节约资源和保护环境的基本国策，把生态文明建设融入经济建设、政治建设、文化建设、社会建设各方面和全过程，建设美丽中国，努力走向社会主义生态文明新时代。要正确处理好经济发展与生态环境保护的关系，牢固树立保护生态环境就是保护生产力、改善生态环境就是发展生产力的理念，更加自觉地推动绿色发展、循环发展、低碳发展。要实行最严格的制度、最严密的法治，为生态文明建设提供可靠保障。

——关于加强国防和军队建设的新思想。习近平总书记指出，建设一支听党指挥、能打胜仗、作风优良的人民军队是党在新形势下的强军目标。听党指挥是灵魂，决定军队建设的政治方向；能打胜仗是核心，反映军队的根本职能和军队建设的根本指向；作风优良是保证，关系军队的性质、宗旨、本色。抓住这三条，就抓住了国防和军队建设的要害。全面加强国防和军队建设，要以党在新形势下的强军目标为引领，贯彻新形势下军事战略方针，坚持政治建军、改革强军、依法治军，坚定不移地走中国特色强军之路。

链接五　五大战区

2016年2月1日中国人民解放军战区成立大会在京召开，中共中央总书记、国家主席、中央军委主席习近平向各战区授予军旗并发布训令。走过31年的原北京、沈阳、济南、南京、成都、兰州、广州七大军区番号撤销，正式成为历史。取而代之的是东南西北中五大战区。

中国人民解放军战区是中国人民解放军东部战区、中国人民解放军南部战区、中国人民解放军西部战区、中国人民解放军北部战区、中国人民解放军中部战区五个战区的总称，为正战区级，由中央军委建制领导。2017年4月27日宣布大调整，从18个集团军改为13个集团军，并采用新番号。

——环球网

——关于人类命运共同体的新思想。习近平总书记强调："和平、发展、公平、正义、民主、自由，是全人类的共同价值，也是联合国的崇高目标。""我们要继承和弘扬联合国宪章的宗旨和原则，构建以合作共赢为核心的新型国际关系，打造人类命运共同体。"要建立平等相待、互商互谅的伙伴关系，奉行双赢、多赢、共赢的新理念，倡导以对话解争端、以协商化分歧。要在国际和区域层面建设全球伙伴关系，走出一条"对话而不对抗，结伴而不结盟"的国与国交往新路。大国之间相处，要不冲突、不对抗、相互尊重、合作共赢。大国与小国相处，要平等相待，践行正确义利观，义利相兼，义重于利。要营造公道正义、共建共享的安全格局，谋求开放创新、包容互惠的发展前景，促进和而不同、兼收并蓄的文明交流。

链接六　“一带一路”国际合作高峰论坛

第一届“一带一路”国际合作高峰论坛于2017年5月14～15日在北京举行，这次高峰论坛是“一带一路”框架下最高规格的国际活动，也是中华人民共和国成立以来由中国首倡、中国主办的层级最高、规模最大的多边外交活动，是2017年最重要的主场外交。本次论坛是在世界经济发展、中国自身发展和“一带一路”建设都处于关键阶段的背景下举行的，对外发出了各方合力推动“一带一路”国际合作、携手构建人类命运共同体的积极信号，对世界、对中国都有着十分重要的意义。“一带一路”国际合作高峰论坛是“一带一路”提出3年多来最高规格的论坛活动，主要包括开幕式、圆桌峰会和高级别会议三个部分。29位外国元首、政府首脑及联合国秘书长、红十字国际委员会主席等3位重要国际组织负责人出席高峰论坛，来自130多个国家的约1500名各界贵宾作为正式代表出席论坛，来自全球的4000余名记者已注册报道此次论坛。

为了更好凝聚共识，推进合作，中国将高峰论坛主题设定为“加强国际合作，共建‘一带一路’，实现共赢发展”，议题总体以“五通”即政策沟通、设施联通、贸易畅通、资金融通、民心相通为主线，围绕基础设施互联互通、经贸合作、产业投资、能源资源、金融支撑、人文交流、生态环保和海洋合作等重要领域进行讨论。各国领导人参加的圆桌峰会是高峰论坛的重点，主要讨论两个议题：一是加强政策和发展战略对接，深化伙伴关系；二是推进互联互通务实合作，实现联动发展。

2017年5月15日，中华人民共和国主席习近平主持圆桌峰会并宣布中国将于2019年举办第二届“一带一路”国际合作高峰论坛。

——百度百科

（三）党中央治国理政新战略：以中国梦为战略目标、以“四个全面”为战略布局、以国家安全和强军为战略保障

治国理政战略是为彰显治国理政理念、贯彻治国理政思想所确立的战略目标、战略举措和战略保障。党的十八大以来，习近平总书记对坚持和发展中国特色社会主义一系列全局性、长远性、根本性的重大理论与实践问题进行系统全面的战略思考、战略谋划、战略决策和战略部署，逐步形成了以中国梦为战略目标、以“四个全面”为战略布局、以国家安全和强军为战略保障的治国理政新战略。

——关于实现中华民族伟大复兴中国梦。习近平总书记指出，我们党和国家的战略目标就是实现“两个一百年”的奋斗目标、实现中华民族伟大复兴的中国梦。中国梦，核心内涵是中华民族伟大复兴，基本内涵是实现国家富强、民族振兴、人民幸福。实现中国梦必须走中国道路，这就是中国特色社会主义道路；必须弘扬中国精神，这就是以爱国主义为核心的民族精神，以改革创新为核心的时代精神；必须凝聚中国力量，这就是中国各族人民大团结的力量。中国梦是和平、发展、合作、共赢的梦，与各国人民追求和平发展的美好梦想相通。

——关于“四个全面”战略布局。2014 年 11 月，习近平总书记到福建考察调研时提出了“协调推进全面建成小康社会、全面深化改革、全面推进依法治国进程”的“三个全面”。2014 年 12 月在江苏调研时则将“三个全面”上升到了“四个全面”，要“协调推进全面建成小康社会、全面深化改革、全面推进依法治国、全面从严治党，推动改革开放和社会主义现代化建设迈上新台阶”，新增了“全面从严治党”。习近平总书记强调，“四个全面”战略布局是从坚持和发展中国特色社会主义全局出发提出来的，是新的历史条件下治国理政方略。这个战略布局确立了新形势下党和国家各项工作的战略目标和战略举措，是实现中华民族伟大复兴中国梦的重要保障。“四个全面”战略布局是一个科学体系，相互之间有紧密的内在逻辑，相辅相成、相互促进、相得益彰。全面建成小康社会是我们的战略目标，到 2020 年实现这个目标，我们国家的发展水平就会迈上一个大台阶，我们所有奋斗都要聚焦于这个目标。全面深化改革、全面依法治国、全面从严治党是三大战略举措，对实现全面建成小康社会战略目标一个都不能缺。不全面深化改革，发展就缺少动力，社会就没有活力。不全面依法治国，国家生活和社会生活就不能有序运行，就难以实现社会和谐稳定。不全面从严治党，党就做不到“打铁还需自身硬”，也就难以发挥好领导核心作用。全面深化改革的总目标是完善和发展中国特色社会主义制度、推进国家治理体系和治理能力现代化，核心问题是处理好政府和市场的关系，使市场在资源配置中起决定性作用和更好地发挥政府作用。全面推进依法治国的总目标是建设中国特色社会主义法治体系，建设社会主义法治国家，核心问题是正确认识党和法治的关系。全面从严治党，核心是加强党的领导，基础在全面，关键在严，要害在治。

——关于国家安全战略和强军战略。习近平总书记强调，国家安全和社会稳定是改革发展的前提。面对比历史上任何时候都要复杂的内外环境，必须坚持总体国家安全观，以人民安全为宗旨，以政治安全为根本，以经济安全为基础，以军事、文化、社会安全为保障，以促进国际安全为依托，走出一条中国特色国家安全道路。贯彻落实总体国家安全观，必须既重视外部安全，又重视内部安全；既重视国土安全，又重视国民安全；既重视传统安全，又重视非传统安全；既重视发展问题，又重视安全问题；既重视自身安全，又重视共同安全，切实做好国家安全各项工作。要以党在新形势下的强军目标为引领，贯彻新形势下军事战略方针，全面实施改革强军战略，努力构建能够打赢信息化战争、有效履行使命任务的中国特色现代军事力量体系，完善中国特色社会主义军事制度。贯彻科技强军战略，充分发挥军事理论创新、军事技术创新、军事组织创新、军事管理创新的牵引和推动作用。坚持把人才强军作为战略任务来抓，大力实施人才战略工程，努力推动人才队伍建设整体水平有一个大的跃升。

三、党中央治国理政新理念新思想新战略彰显的科学思维

习近平同志系列重要讲话精神和治国理政新理念新思想新战略建立在科学严谨的方法论基础上，彰显马克思主义的科学思维，为新形势下我们党有效治国理政提供了基本遵循。

（一）以战略思维统揽全局

马克思主义关于事物之间普遍联系的思想，赋予我们战略性、系统性的思维方法。以习近平总书记为核心的党中央深刻把握新形势下我们党治国理政的系统性、全面性、复杂性，科学运用马克思主义战略思维，深入阐述了五大建设之间的关系、长远奋斗目标与阶段性发展目标之间的关系、局部与整体之间的关系等一系列事关我们党治国理政成效的根本问题。

用战略性、系统性眼光来审视，经济建设、政治建设、文化建设、社会建设、生态文明建设都是国家治理的有机组成部分，必须立足于全面协调可持续发展，党的十八大报告确立了中国特色社会主义建设“五位一体”的总体布局。为统筹推进这一总体布局，习近平同志强调：“现在，重大改革都是牵一发而动全身的，更需要全面考量、协调推进。”党的十八大以来，我们党提出和协调推进全面建成小康社会、全面深化改革、全面依法治国、全面从严治党，形成了“四个全面”战略布局，明确了新形势下统筹推进“五位一体”总体布局的战略重点与战略任务，“全面”成为我们党治国理政中被反复强调的关键词。这意味着新时期的国家治理不再单纯追求某种单一指标的增长，而是综合考虑各要素之间的内在联系，谋求诸领域的协同推进。

立足当前、着眼长远，这是战略思维的显著特征。在国家治理中，我们要处理好长远奋斗目标与阶段性发展目标之间的关系，既毫不动摇地为长远目标而奋斗，同时又确立切实可行的阶段性目标。实现国家富强、民族振兴、人民幸福，实现中华民族的伟大复兴是我们党治国理政的长远奋斗目标。同时，他又根据现阶段我国经济社会发展的阶段性特征，将更好的教育、更稳定的工作、更满意的收入、更可靠的社会保障、更高水平的医疗卫生服务、更舒适的居住条件、更优美的环境，孩子们能成长得更好、工作得更好、生活得更好作为我们党需要着力实现的阶段性目标。全面建成小康社会就是对这些阶段性发展目标的集中表达。

局部与整体之间的关系也是战略思维关注的一个重点。治国理政新理念新思想新战略深刻把握局部与整体的关系，以问题为导向、以发展中的短板为突破口，旨在以局部

关键性问题的解决带动全局的优化。在全面建成小康社会的道路上，当前还存在着贫困人口脱贫、环境保护等突出短板。习近平同志高度重视补齐这些经济社会发展的短板。他强调："我们不能一边宣布全面建成了小康社会，另一边还有几千万人口的生活水平处在扶贫标准线以下，这既影响人民群众对全面建成小康社会的满意度，也影响国际社会对我国全面建成小康社会的认可度。"以补齐短板为重要抓手，以点带面，促进社会整体发展是马克思主义战略思维在当代中国的科学运用和发展。

（二）以历史思维承前启后

习近平总书记指出，重视历史、研究历史、借鉴历史，可以给人类带来很多了解昨天、把握今天、开创明天的智慧。

治国理政新理念新思想新战略深深扎根于中华优秀传统文化的深厚土壤，深刻体现了传统与现代、历史与现实的辩证统一。以社会主义核心价值观为例，其主要内容都继承和弘扬了中华优秀传统文化和传统美德。正如习近平同志所指出的："富强、民主、文明、和谐，自由、平等、公正、法治，爱国、敬业、诚信、友善，传承着中国优秀传统文化的基因，寄托着近代以来中国人民上下求索、历经千辛万苦确立的理想和信念，也承载着我们每个人的美好愿景。"他进一步强调，中华优秀传统文化中"格物致知、诚意正心、修身齐家、治国平天下"的道德理想和伦理要求涵盖了个人、社会、国家层面，是我们培育和践行社会主义核心价值观的重要文化支撑。

治国理政新理念新思想新战略的历史思维，集中体现为尊重过去、正视现实、着眼未来。历史是最好的老师，脱离了中国的历史和文化，脱离了中国人的精神世界，脱离了当代中国的深刻变革是难以正确认识中国的。当代中国最大的现实就是要实现"两个一百年"的奋斗目标。为此，我们首先需要正确认识中华民族的历史和文化，不断增强文化自信和战略定力。

> 站立在960万平方公里的广袤土地上，吸吮着中华民族漫长奋斗积累的文化养分，拥有13亿中国人民聚合的磅礴之力，我们走自己的路，具有无比广阔的舞台，具有无比深厚的历史底蕴，具有无比强大的前进定力。
>
> ——习近平

（三）以辩证思维转化矛盾

习近平总书记指出，辩证思维能力就是承认矛盾、分析矛盾、解决矛盾，善于抓住关键、找准重点、洞察事物发展规律的能力。治国理政新理念新思想新战略以马克思主义唯物辩证法分析党和国家事业发展中的各种关系，通过把握、转化其中的主要矛盾推动国家治理体系的完善、治理能力的提升。

在经济社会发展层面，经过改革开放30多年的快速发展，我国已成为世界第二大经济体。一些东南亚国家和拉美国家在经济快速发展到一定阶段后落入“中等收入陷阱”，出现了经济停滞、政局动荡、社会失序。我们要避免出现这种局面，关键在于运用辩证思维，牢牢抓住和有效解决经济社会发展中的主要矛盾。对此，治国理政新理念新思想新战略给出了明确答案。《中共中央关于制定国民经济和社会发展第十三个五年规划的建议》认为解决主要矛盾的根本路径在于“坚持以经济建设为中心，从实际出发，把握发展新特征，加大结构性改革力度，加快转变经济发展方式，实现更高质量、更有效率、更加公平、更可持续的发展”。在国际关系层面，经济全球化的深入发展既让国际交往变得越来越频繁、各国之间的联系越来越紧密，也使人类面临更多的共同问题和挑战。治国理政新理念新思想新战略以辩证思维统筹国内国际两个大局，提出“构建人类命运共同体”这一重大理念，为促进人类社会共同发展提供了新的视角和思路。

（四）以创新思维引领发展

治国理政新理念新思想新战略把创新摆在国家发展全局的核心位置，不断推进理论创新、制度创新、科技创新、文化创新等各方面创新，开辟了我们党治国理政的新境界。在经济建设方面，我们党提出了经济发展新常态和供给侧结构性改革的创新理论，大力推进经济结构转型升级，使我国经济加快从要素驱动、投资规模驱动发展为主向以创新驱动发展为主转变。在国家治理和社会治理方面，党的十八届三中全会《中共中央关于全面深化改革若干重大问题的决定》提出了全面深化改革、推进国家治理体系和治理能力现代化的创新论断，并做出全面部署，旨在完善和发展中国特色社会主义制度；党的十八届四中全会《中共中央关于全面推进依法治国若干重大问题的决定》提出了全面依法治国的创新论断。在文化建设方面，我们党围绕建设社会主义文化强国提出了培育和践行社会主义核心价值观、构建哲学社会科学创新体系、构建现代公共文化服务体系、加快发展现代文化产业、建设现代传媒体系等一系列创新理论。在生态文明建设方面，我们党确立了绿色发展的创新理念，提出了“努力走向社会主义生态文明新时代”的创新论断，并做出了加快建设主体功能区、推进资源节约集约利用、健全生态安全保障机制、发展绿色环保产业等一系列创新举措。此外，实施制造强国战略、大力发展战略性新兴产业、推进新型城镇化、深入实施区域发展总体战略、推进“一带一路”建设……这一系列战略举措凸显了创新对于新形势下我国改革发展的核心驱动意义。

（五）以底线思维掌握主动

习近平总书记多次强调：“要善于运用‘底线思维’的方法，凡事从坏处准备，努力争取最好的结果，这样才能有备无患、遇事不慌，牢牢把握主动权。”底线思维是富有前瞻性和忧患意识的思维方式。治国理政新理念新思想新战略在关于我国经济社会发展规划、关于全面从严治党等一系列重大问题上的部署与安排都彰显了底线思维。

在经济社会发展规划上，治国理政新理念新思想新战略体现了鲜明的问题导向和底线思维。例如，“十三五”规划纲要不但充分肯定了“十二五”时期我国经济社会发展取得的巨大成就，而且客观分析了面临的风险和挑战，提出要“积极应对国际金融危机持续影响等一系列重大风险挑战”。综合考虑我国经济发展潜力、全面建成小康社会对经济增长的要求，习近平同志在《关于〈中共中央关于制定国民经济和社会发展第十三个五年规划的建议〉的说明》中划出了“十三五”时期6.5%的经济年均增长底线，正是为我国经济发展划定合理空间，增强我们的战略定力，使我们牢牢把握发展的主动权。

纪律和规矩是党员、干部立身行事的底线要求。只有坚持底线思维，严肃政治纪律、严守政治规矩，才能保持党的先进性和纯洁性，充分发挥党的政治优势。党的十八届六中全会强调：我们党是马克思主义政党，严是党的性质所在、本色所在。在全面从严治党的过程中，我们党一方面强化规矩意识、底线意识，拉起制度的红线；另一方面以高压态势开展反腐败斗争，以严肃惩戒时刻敲响广大党员、干部的思想警钟。《关于新形势下党内政治生活的若干准则》《中国共产党党内监督条例》《中国共产党纪律处分条例》等一系列规章制度的制定和执行，进一步明确了党员、干部在政治生活和日常工作中的底线，为我们党在新形势下更好地治国理政提供了制度保障。

面对错综复杂的国际形势及极为繁重的国内改革发展任务，以习近平同志为总书记的党中央统筹国内国际两个大局，不断完善和发展中国特色社会主义制度，不断深化对共产党执政规律、社会主义建设规律、人类社会发展规律的认识，形成一系列治国理政新理念新思想新战略，在经济建设、政治建设、文化建设、社会建设、生态文明建设和党的建设方面都取得了举世瞩目的成就，大大推进了我国国家治理体系和治理能力现代化进展步伐。习近平治国理政新理念新思想新战略具有战略前瞻、全面系统、辩证哲理的特点，是我们实现中华民族复兴和伟大的“中国梦”的重要理论指导，让我们对建设好我们的党、我们强大的国家、我们强大的军队，实现中华民族伟大复兴充满信心。

青年是祖国的未来，民族的希望。作为大学生，更要立足时代背景，认真学好习近平系列讲话精神，学习政治理论知识，把握治国理政理论体系，正确认识我党、我国建设过程中出现的成就与挫折，坚定社会主义道路自信、社会主义制度自信。大学生更要勇于实践、善于创新，要培养社会责任感，研究探索中国共产党治国理政经验，关注思考现实社会问题，成为党中央治国理政新理念新思想新战略的明道者、信道者和传道者。

思考题

1. 习近平总书记治国理政新理念新思想新战略的时代意义是什么？

2. 习近平总书记治国理政新理念新思想新战略的基本内涵是什么？

延伸阅读

1. 何毅亭:《以习近平同志为核心的党中央治国理政新理念新思想新战略》，人民出版社，2017 年 6 月

2. 本书编写组:《新理念新思想新战略 80 词》，人民出版社，2016 年 7 月

3. 人民日报评论部:《习近平讲故事》，人民出版社，2017 年 6 月

第四讲　五次“人大释法”与香港回归20年

教学目的

今年是香港回归祖国20年。香港回归祖国20年来，全国人民代表大会常务委员会（以下简称“全国人大常委会”）五次对《香港基本法》相关条款进行解释，每一次都关乎香港的重大问题，对正确贯彻实施“一国两制”和基本法发挥了重要作用。人大释法已经成为中央依法治港的重要方式。香港回归20年来，各项事业取得重大进步，香港依然保持繁荣。通过教学以全国人大常委会释法为切入点，引导学生正确认识中央对港政策，深入了解中央治港20年来取得的成就以及面临的问题和挑战，深刻认识中央对保持香港长期繁荣稳定、维护国家主权、安全和发展利益的坚定立场与信心，理解20年来香港的发展与祖国的发展有密不可分的关系。

教学重点和难点

1.“一国两制”与《香港基本法》

2.《香港基本法》的解释依据

主要内容

1.“一国两制”与《香港基本法》

2.《香港基本法》的解释问题

3. 全国人大常委会对《香港基本法》的五次释法的实践

4. 回归20年的香港

今年是香港回归20年，是一国两制实施20年。2017年7月1日上午，庆祝香港回归祖国20周年大会暨香港特别行政区第五届政府就职典礼在香港会展中心隆重举行。中共中央总书记、国家主席、中央军委主席习近平出席并发表重要讲话。习近平强调，坚持“一国两制”方针，深入推进“一国两制”实践，符合香港居民利益，符合国家根本利益，符合全国人民共同意愿。中央贯彻“一国两制”方针坚持两点：一是坚定不移，不会变、不动摇；二是全面准确，确保“一国两制”在香港的实践不走样、不变形，始终沿着正确的方向前进。近年来，香港社会发生了诸如“占中”“旺角暴乱”等事件，个别极端分子甚至鼓吹“港独”，企图把已经回归的香港重新从祖国分离出去。尽管“港独”永远都不会得逞，但是由此引发的社会动荡却对香港的经济社会发展与国际国内形象产生了很大的消极影响。2016 年 11 月 7 日，第十二届全国人大常委会全票通过了关于香港特别行政区基本法第一百零四条的解释，明确了原本应当遵守的宪制层面的法律规范，打击了香港少数当选议员违规宣誓、蓄意宣扬“港独”并侮辱国家和民族的恶劣行径，捍卫了宪法、基本法的权威和民族尊严。

1997 年香港回归至今，共发生过五次“人大释法”，每一次都是针对香港遇到的重大问题所进行，释法内容直接关乎着香港的繁荣稳定，是中央运用法治思维和法治方式治理香港的重要体现。这也可以看出中央治港 20 年所取得的成效、面临的问题以及应对挑战背后的思路与脉络。了解这一过程，有利于深刻认识中央对继续保持香港长治久安、繁荣稳定的立场、态度与信心。

一、“一国两制”与《香港基本法》

“一国两制”是中国共产党和中国政府为合理解决香港、澳门和台湾问题，实现祖国和平统一大业所提出的战略方针，并由国家宪法予以确认，已成为一项具有法律效力的基本国策。《中华人民共和国香港特别行政区基本法》（以下简称《香港基本法》）是全国人民代表大会为保证香港回归后的长期繁荣稳定发展，依据我国宪法制定的一项基本法律。这部法律规定了回归后香港特别行政区的宪政模式，体现了我国政府解决香港问题的基本方针和政策。

按照“一国两制”方针，中国政府通过与英国政府的外交谈判成功解决历史遗留的香港问题，于 1997 年 7 月 1 日对香港恢复行使主权，实现了长期以来中国人民收回香港的共同愿望。香港从此摆脱殖民统治，回到祖国怀抱，走上了与祖国内地优势互补、共同发展的宽广道路。

（一）“一国两制”的伟大构想

“一个国家，两种制度”是中国政府为实现国家和平统一而提出的基本国策，“一国两制”构想最初是为解决台湾问题而提出的，但首先应用于解决香港问题。香港自古以来就是我国领土不可分割的重要组成部分，19 世纪 40～90 年代末，英国帝国主义通过发动侵略战争和外交讹诈等手段，先后强迫清政府鉴定了《南京条约》（1842 年）、《北京条约》（1860 年）和《展拓香港界址专条》（1898 年）三个不平等条约，强占了包括香港岛、九龙和“新界”在内的整个香港地区，开始了对香港地区的殖民统治。100 多年来，中华民族无数仁人志士为民族复兴、国家统一，抛头颅、洒热血，进行了艰苦卓绝的斗争。中国人民和辛亥革命后的历届中国政府从来不承认这些强加给中国的不平等条约。中华人民共和国成立后，我国政府曾多次阐明对香港问题的原则立场，即：香港是中国领土的一部分，中国不承认帝国主义强加给中国的三个不平等条约，在条件成熟时，将通过谈判等方式解决香港问题，恢复对香港行使主权。党的十一届三中全会后，以邓小平同志为代表的党的第二代领导集体，把马克思主义国家学说和我国政权建设的实际相结合，把毛泽东、周恩来等党和国家领导同志关于和平解决台湾问题的设想运用于解决香港问题，明确提出了“一国两制”的伟大构想，为和平解决香港、澳门和台湾问题，完成祖国统一大业找到了一条切实可行的路径。这是中华民族史上，也是世界文明史上的一次创举。

“一国两制”是一个完整的概念。按照邓小平的论述，“一国两制”是指在一个中国的前提下，国家的主体坚持社会主义制度，香港、澳门、台湾保持原有的资本主义制度长期不变。“一国”是指在中华人民共和国内，香港特别行政区是国家不可分离的部分，是直辖于中央人民政府的地方行政区域。中华人民共和国是单一制国家，中央政府对包括香港特别行政区在内的所有地方行政区域拥有全面管治权。香港特别行政区的高度自治权不是固有的，其唯一来源是中央授权。香港特别行政区享有的高度自治权不是完全自治，也不是分权，而是中央授予的地方事务管理权。高度自治权的限度在于中央授予多少权力，香港特别行政区就享有多少权力，不存在“剩余权力”。同时，宪法明确规定国家的根本制度是社会主义制度，并规定了国家的基本制度、领导核心和指导思想等制度和原则。坚持一国原则，最根本的是要维护国家主权、安全和发展利益，尊重国家实行的根本制度以及其他制度和原则。

“两制”是指在“一国”之内，国家主体实行社会主义制度，香港等某些区域实行资本主义制度。“一国”是实行“两制”的前提和基础，“两制”从属和派生于“一国”，并统一于“一国”之内。“一国”之内的“两制”并非等量齐观，国家的主体必须实行社会主义制度，是不会改变的。在这个前提下，从实际出发，充分照顾到香港等某些区域的历史和现实情况，允许其保持资本主义制度长期不变。因此，国家主体坚持社会主义制度，是香港实行资本主义制度，保持繁荣稳定的前提和保障。香港继续保持原有的资本主义制度，依照基本法实行“港人治港”、高度自治，必须在坚持一国原则的前提下，充分尊重国家主体实行的社会主义制度，特别是尊重国家实行的政治体制以及其他制度和原则。内地在坚持社会主义制度的同时，要尊重和包容香港实行的资本主义制度，还可以借鉴香港在经济发展和社会管理等方面的成功经验。在“一国”之内，“两种制度”只有相互尊重，相互借鉴，才能和谐并存，共同发展。

紫荆花开正烂漫，香江潮涌起新航。2017 年 7 月 1 日，习近平主席在庆祝香港回归祖国 20 周年大会上指出：“‘一国两制’在香港的实践一定能够再谱新篇章，香港一定能够再创新辉煌！”当前，“一国两制”在香港的实践遇到一些新情况新问题。香港维护国家主权、安全、发展利益的制度还需完善，对国家历史、民族文化的教育宣传有待加强，社会在一些重大政治法律问题上还缺乏共识，经济发展也面临不少挑战，传统优势相对减弱，新的经济增长点尚未形成，住房等民生问题比较突出。对此，习近平谈了四点意见：

第一，始终准确把握“一国”和“两制”的关系。

“一国”是根，根深才能叶茂；“一国”是本，本固才能枝荣。任何危害国家主权安全、挑战中央权力和香港特别行政区基本法权威、利用香港对内地进行渗透破坏的活动都是对底线的触碰，都是绝不能允许的。在“一国”的基础之上，“两制”的关系应该也完全可以做到和谐相处、相互促进。

第二，始终依照宪法和基本法办事。

中华人民共和国宪法和香港特别行政区基本法共同构成香港特别行政区的宪制基础。要把中央依法行使权力和特别行政区履行主体责任有机结合起来；要完善与基本法实施相关的制度和机制；要加强香港社会特别是公职人员和青少年的宪法和基本法宣传教育。

第三，始终聚焦发展这个第一要务。

发展是永恒的主题，是香港的立身之本，也是解决香港各种问题的金钥匙。“苏州过后无艇搭”，大家一定要珍惜机遇、抓住机遇，把主要精力集中到搞建设、谋发展上来。

第四，始终维护和谐稳定的社会环境。

香港是一个多元社会，对一些具体问题存在不同意见甚至重大分歧并不奇怪，但如果陷入“泛政治化”的旋涡，人为制造对立、对抗，那就不仅于事无补，而且会严重阻碍经济社会发展。从中央来说，只要爱国爱港，诚心诚意拥护“一国两制”方针和香港特别行政区基本法，不论持什么政见或主张，我们都愿意与之沟通。香港虽有不错的家底，但也面临很大的挑战，经不起折腾，经不起内耗。

链接一　　名家谈

全国政协副主席、香港特区首任行政长官董建华：过去10多年来，内耗成为香港政治的特色。这包括社会上的内耗、立法会内的内耗、行政与立法之间的内耗。社会上的内耗莫过于2014年的“占中”。“占中”不但大面积影响很多市民的生计，也鼓励了以违法行为去表达不满，削弱了香港一直以来赖以成功的法治精神，对香港危害深远。立法会内的内耗以及行政与立法之间的内耗，使得很多有迫切需要的政策都未能有效落实。就算大部分市民就某项议题达成共识，但少部分人仍然可以处处留难，严重阻碍香港的发展，削弱了香港解决困难的能力，其中一例是政改方案的表决，反对派的坚持，令香港白白丧失了2017年普选特首的历史性机会。另一个例子是成立创新及科技局。从韩国到以色列、从美国到北欧，全世界的发达地区政府都积极介入，利用创新科技作为发展的火车头，为全民创富。但香港反对派议员却拖拖拉拉、虚耗三年。创新与科技是分秒必争的全球竞赛，三年已是一个世代。香港发展的步伐比其他竞争对手慢很多。这是一项长期的隐忧，我们应该为此而感到非常担心。

——摘自2015年11月21日观察者网

（二）《香港基本法》的制定

1997年7月1日，随着政权交接仪式的圆满完成，鲜艳的五星红旗和紫荆花红旗在香港上空冉冉升起，标志着中华人民共和国对香港恢复行使主权。《中华人民共和国香港特别行政区基本法》取代英国对香港进行长期殖民统治的《英皇制诰》和《皇室训令》正式生效实施。

1982年12月4日，第五届全国人民代表大会第五次会议通过并公布施行的《中华人民共和国宪法》第三十一条规定：国家在必要时得设立特别行政区。在特别行政区内实行的制度按照具体情况由全国人民代表大会以法律规定。这体现了“一国两制”构想，为中国政府在实现国家和平统一时，在某些区域设立实行不同于内地的制度和政策的特别行政区提供了直接的宪法依据。1983年年初，中国政府就解决香港问题形成了十二条基本方针政策。1982年9月24日，邓小平会见来访的英国首相撒切尔夫人，阐明了中国政府对香港问题的基本立场，指出主权问题不是一个可以讨论的问题，1997年中国将收回香港。在这个前提下，中英两国磋商解决香港如何过渡得好以及15年后香港怎么办的问题。1984年12月19日，中英两国政府经过22轮谈判后，在北京正式签署《中华人民共和国政府和大不列颠及北爱尔兰联合王国政府关于香港问题的联合声明》，确认中华人民共和国政府于1997年7月1日对香港恢复行使主权。中国政府还在联合声明中阐明以“十二条”为核心内容的对香港的基本方针政策。中英联合声明的签署标志着香港进入回归祖国前的过渡期。

链接二　中国政府解决香港问题的十二条基本方针政策

“十二条”包括:

1. 中国政府决定于1997年7月1日对香港地区恢复行使主权。

2. 恢复行使主权后，根据宪法第三十一条规定，在香港设立特别行政区，直辖于中央人民政府，享有高度自治权。

3. 特别行政区享有立法权，有独立的司法权和终审权。现行的法律、法令、条例基本不变。

4. 特别行政区政府由当地人组成。主要官员在当地通过选举或协商产生，由中央人民政府委任。原香港政府各部门的公务、警务人员可予留任。特别行政区各机构也可聘请英国及其他外籍人士担任顾问。

5. 现行的社会、经济制度不变，生活方式不变。保障言论、出版、集会、结社、旅行、迁徙、通信自由和宗教信仰自由。私人财产、企业所有权、合法继承权以及外来投资均受法律保护。

6. 香港特别行政区仍为自由港和独立关税地区。

7. 保持金融中心地位，继续开放外汇、黄金、证券、期货等市场，资金进出自由，港币照常流通，自由兑换。

8. 特别行政区财政保持独立。

9. 特别行政区可同英国建立互惠经济关系。英国在香港的经济利益将得到照顾。

10. 特别行政区可以“中国香港”的名义，单独地同世界各国、各地区以及有关国际组织保持和发展经济、文化关系，签订协议。特别行政区政府可自行签发出入香港的旅行证件。

11. 特别行政区的社会治安由特别行政区政府负责。

12. 上述方针政策，由全国人民代表大会以香港特别行政区基本法规定之，50 年不变。

——新华网《“一国两制”在香港特别行政区的实践》白皮书（全文）2014-06-10

在 13 年的过渡期内，中国政府坚定不移地遵循“一国两制”方针政策，紧紧依靠香港同胞，坚决排除各种干扰，有条不紊地推进对香港恢复行使主权的各项准备工作。1985 年 4 月 10 日，第六届全国人民代表大会第三次会议决定成立中华人民共和国香港特别行政区基本法起草委员会，负责起草《香港基本法》。同年 7 月起草委员会开始工作，1990 年 2 月完成起草任务，历时四年零八个月。《香港基本法》的起草过程高度民主、开放，广大香港同胞积极参与起草工作。时任全国人大常委会秘书长、法制工作委员会主任的王汉斌被任命为副主任委员，草委会由 59 人组成，其中内地委员 36 人，香港委员 23 人。内地委员中包括周南、鲁平等有关部门负责人 15 人，胡绳、钱伟长等各界知名人士 10 人，肖蔚云、许崇德等法律界人士 11 人；香港委员中，有包玉刚、李嘉诚、查良镛等工商、文化教育、法律、工会、宗教等各界人士以及以个人身份参加的香港行政、立法两局议员和香港法院的按察司。起草委员会委托香港委员在香港成立由 180 位各界人士组成的基本法咨询委员会，广泛收集香港社会各界的意见和建议。1988 年 4 月，起草委员会公布《香港基本法》（草案）征求意见稿；1989 年 2 月，全国人大常委会公布《香港基本法》（草案），先后两次在香港和内地广泛征求意见。香港和内地社会各界人士踊跃参与讨论，其中，仅香港人士就提出近 8 万份意见和建议。征询期结束后，起草委员会先后举行了各专题小组会议和主任委员扩大会议，对基本法（草案）征求意见稿的条文作了修改和调整。长年从事法律工作的资深律师谭惠珠现为港区全国人民代表大会代表。至今，她还珍藏着当年参加草委会时的手写笔记本。翻开厚厚的记录，上面写满讨论细节，比如关于香港驻军章节，谁来出资、谁来提供场地、驻军的职责范围等。谭惠珠说："从一开始有很多争议，到一次次的咨询和调研，可以说基本法中的每一个条文、每一个字眼，甚至每一个标点符号都是经过反复讨论，最终敲定下来的。"千锤百炼产生的《香港基本法》体现了包括香港同胞在内的全体中国人民的共同意志，凝聚了广大中华儿女的集体智慧。

1990 年 4 月 4 日，第七届全国人民代表大会第三次会议通过《中华人民共和国香港特别行政区基本法》，同时做出设立香港特别行政区的决定。《香港基本法》是根据宪法制定的基本法律，规定了在香港特别行政区实行的制度和政策是"一国两制"方针政策的法律化、制度化，为"一国两制"在香港特别行政区的实践提供了法律保障。1990 年 2 月 17 日，邓小平在会见香港《基本法》起草委员会全体委员时高度评价《香港基本法》，称它是"具有历史意义和国际意义的法律"，是"具有创造性的杰作"。邓小平说："你们经过将近 5 年的辛勤劳动，写出了一部具有历史意义和国际意义的法律。说它具有历史意义，不只对过去、现在，而且包括将来；说国际意义，不只对第三世界，而且对全人类都具有长远意义。这是一部创造性的杰作。"

二、《香港基本法》的解释问题

（一）法律解释的基本问题

1．什么是法律解释

所谓法律解释，指由一定的国家机关、组织或个人为适用和遵守法律，根据有关法律规定、政策、公平正义观念、法学理论和惯例对现行的法律规范、法律条文的含义、内容、概念、术语以及适用的条件等所做的说明的活动。由于实践中对法律在理解和适用上的差异引起执法、守法、司法的困扰，因而需要相应的主体对法律进行解释，使法律更好地表达立法原意，实现良好的社会法益。

2．法律解释的分类

法律解释由于解释主体和解释的效力不同可以分为正式解释与非正式解释两种，是否具有法律上的约束力是区别正式解释与非正式解释的关键。

（1）正式解释：通常也叫法定解释，是指由特定的国家机关、官员或其他有解释权的人对法律作出的具有法律上约束力的解释。正式解释有时也称有权解释。根据解释的国家机关的不同，法定解释又可以分为立法、司法和行政三种解释。

（2）非正式解释：通常也叫学理解释，一般是指由学者或其他个人及组织对法律规定所作的不具有法律约束力的解释。

3．法律解释的差异

通常而言，一个国家内部的法律解释制度是统一的，不同国家不同地区有关法律解释的传统方法存在差异，现全世界 196 个国家从法系上讲大致分为普通法系国家和大陆法系国家。

而两大法系在有关法律解释制度方面各有不同。大陆法系国家例如中国、日本、意大利、西班牙、德国等主张立法解释，也叫作立法者释法。立法解释源自于欧洲大陆法，甚至可追溯至古罗马法。遵从大陆法系传统的国家包括中国在内，一般都奉行立法解释，指的是依法有权制定法律规范的国家权力机关（立法机关）对法律所做的解释。立法解释和所解释的法律本身具有同等的法律效力。大陆法系国家也存在一些司法解释、行政解释，但都不同立法解释发生冲突。还要指出，在大陆法系国家，法律的最终解释权和法律的最终审判权是由两个机构分别来承担的。对于中国，这个最高立法机关是全国人民代表大会，它拥有对法律的最终解释权，而终审机关是最高法院。所以这两个机构，这两个功能是分开的。

以美国、英国为代表的普通法系国家是主张司法解释，也就是说由司法者释法。司法解释是遵从普通法系的国家所奉行的法律解释方法，指的是在司法机关审案过程中由法官对法律规范所做的解释。此种解释不单对该案判决具有法律效力，而且可以成为先例，此后同类案件都要遵循，被称为“遵循先例”原则，本质上就是法官造法。所以在普通法国家，很多法律是由法官作解释来形成的。当然，在普通法国家也不仅仅存在司法解释，还有立法解释。需要指出的是，在普通法下，法律的最终解释权同司法的终审权是合二为一的，各级法院都可以解释法律，但是法律的最终解释权在终审法院、在最高法院。

这两种解释法没有什么高低优劣之分，它们之间也并不是泾渭分明、彼此对立。实际上，这些年来两大法系之间在很多方面表现出相互影响、相互借鉴、相互渗透的趋势。

（二）《香港基本法》的解释问题

1．什么是“人大释法”

按法系来分类，近代以来中国的法律体系主要遵从大陆法系，所以在这样的法律传统下，中国的法律解释制度属于立法解释，也就是说由法律制定者来解释法律，这一点在中国宪法上有明确规定，1982 年宪法第 67 条第一款、第四款都做了规定，规定由全国人大常委会来解释法律，行使解释宪法的职权。显然，全国人大常委会是法律解释的主体，享有解释法律的权力。简单地说，由全国人大常委会来解释法律，也就是我们所说的“人大释法”。在中国除了立法解释，还有司法解释和行政解释，但一般是对法律适用过程中的一些具体的技术性问题加以解释，严格来说，这是对于人大释法的一种补充，它们需要遵从、服从于人大释法，所以主体来说，还是以人大解释为主、立法解释为主。

2.《香港基本法》解释的法律依据

从香港来看，香港从1842年的《南京条约》被割让给英国以后，在英国156年的管制下，也建立了与它相适应的法律制度，所以它是基本上跟从英国的法律制度，建立在普通法的基础上，所以香港的法律解释制度属于典型的司法解释，就是法官在审案过程中解释法律。香港回归以后，原有的法律制度在经过必要的修改以后，被保留了下来。所以香港现在实行的仍然是法官释法的制度，在审理案件的时候对法律做出的解释都是法官的解释。所以他们对于基本法的规定，基本法由全国人民代表大会来释法，他们是很难理解的，很难接受的。

但是，基本法由全国人民代表大会来解释是具有明确的法律依据的。根据中国宪法，也根据中英联合声明，基本法从1985年开始，历时4年零8个月，于1990年4月4日颁布，1997年7月1日在香港实施。这是一部什么样的法律？简单讲，这是由全国人民代表大会制定的，国家对香港恢复行使主权，管制香港的一部全国性法律，是一部特别法；从政治上讲，它是一国两制基本国策的法律化、制度化。基本法本身是一部全国性法律，但它主要是适用于香港，构成香港的宪制性法律。所谓宪制性法律就具有至高法律效力的地位，即基本法具有高于香港地方法律的效力。

那么，对于这部既是香港的宪制性法律，又是中国的一部全国性法律，关于它的解释就可能出现问题了，即如何使基本法的解释既要符合中国宪法所规定的立法解释的制度，即全国人大常委会的解释，又要在实行普通法的香港地区适用，而且要满足它的司法解释的传统，怎么样解决这种两地法律文化差异的问题就出现了。这个问题由谁来解决？答案是，要用法律来解决。哪一部法律？那就是基本法。

基本法第158条阐述了关于基本法的解释问题。它的主要内容是：第一款，基本法的解释权属于全国人大常委会。显然，全国人大常委会是基本法的解释主体，拥有对整部基本法的普遍的不受限制的最终的解释权，这里坚持了中国法律体系中的立法解释制度。第二款，授权香港法院对基本法中香港自治范围内的条款以及其他条款进行解释，但有一定条件限制。这里面有几个关键词，一个是授权，也就是香港法院的解释权是人大授予的，二是限定为基本法律的自治范围内的条款，然后自行解释，但是附加了一些条件，就是当香港法院审理案件涉及对中央管理事务的条款和中央与香港关系的条款来加以解释的时候，而这个解释又影响到终审判决，必须由终审法院提请全国人大常委会释法，并且以人大释法为准来进行终审判决，这是基本法158条第二段的解释。这句话最后一点讲，在人大释法前，香港法院已经做出的判决不受影响，也就是说人大释法对于它之前香港法院已经判决的案子不具有追溯力，但是对于人大释法以后出现的案子，必须以人大解释为主。显然，158 条在强调人大释法的同时，也授权香港法院获得对基本法的解释权，它既维护了香港司法解释的传统，又对这种授权加以某种限制，所以从法律上解决了国家级别的立法解释和地区级别的司法解释可能存在的矛盾和冲突。基本法 158 条确立了一种立法者释法和授权地方司法者释法并行的所谓双轨解释制度，是对于传统的中国的法律解释的一个重大的突破。我们看到 158 条的这个规定形成了法律解释的一个特别的格局，就是基本法的最终解释权同香港地区的终审权是分开的，分别由中央机关和香港的法院两个机构来行使，这种格局看起来是有点另类的，有点突兀的，但是这恰恰就是一国两制实施的其中应有之意，也是基本法实施的一大特点。对于这种新格局、新解释制度的认识和适应是需要一个过程的，香港回归这 20 年正在经历这个过程，在这个过程里面出现一些困惑，出现一些冲突是在所难免的。但为维护一个国家的主权统一，维护一个国家法律的统一性和特殊性，这种过程必须要经历相当长的磨合，最终实现融合。

三、全国人大常委会对《香港基本法》的五次释法

从香港回归以来，自 1999 年到 2016 年，全国人大常委会对《香港基本法》进行了五次解释。

（一）第 1 次释法：1999 年对居留权问题的释法

1999 年 1 月 29 日，香港终审法院就“吴嘉玲案”宣判，指出所有香港人在内地所生的子女均可行使居港权，包括非婚生子女都享有居港权。当时的保安局局长叶刘淑仪估计在 10 年内会有 167 万人可从中国内地移居到香港，将给香港社会带来沉重的人口压力。因此，叶刘淑仪联同当时的香港律政司司长梁爱诗到北京寻求人大释法。

同年 6 月，全国人大常委会对《基本法》做出解释，指出只有香港人在内地所生的婚生子女才享有居港权，非婚生子女及出生时父或母仍未成为香港居民的则没有居港权，而使有权来香港的人数减至 20 万。

全国人民代表大会常务委员会关于《中华人民共和国香港特别行政区基本法》第二十二条第四款和第二十四条第二款第（三）项的解释（1999 年 6 月 26 日第九届全国人民代表大会常务委员会第十次会议通过）

第九届全国人民代表大会常务委员会第十次会议审议了国务院《关于提请解释〈中华人民共和国香港特别行政区基本法〉第二十二条第四款和第二十四条第二款第（三）项的议案》。国务院的议案是应香港特别行政区行政长官根据《中华人民共和国香港特别

行政区基本法》第四十三条和第四十八条第（二）项的有关规定提交的报告提出的。鉴于议案中提出的问题涉及香港特别行政区终审法院 1999 年 1 月 29 日的判决对《中华人民共和国香港特别行政区基本法》有关条款的解释，该有关条款涉及中央管理的事务和中央与香港特别行政区的关系，终审法院在判决前没有依照《中华人民共和国香港特别行政区基本法》第一百五十八条第三款的规定请全国人民代表大会常务委员会做出解释，而终审法院的解释又不符合立法原意，经征询全国人民代表大会常务委员会香港特别行政区基本法委员会的意见，全国人民代表大会常务委员会决定，根据《中华人民共和国宪法》第六十七条第（四）项和《中华人民共和国香港特别行政区基本法》第一百五十八条第一款的规定，对《中华人民共和国香港特别行政区基本法》第二十二条第四款和第二十四条第二款第（三）项的规定，作如下解释：

1.《中华人民共和国香港特别行政区基本法》第二十二条第四款关于“中国其他地区的人进入香港特别行政区须办理批准手续”的规定，是指各省、自治区、直辖市的人，包括香港永久性居民在内地所生的中国籍子女，不论以何种事由要求进入香港特别行政区，均须依照国家有关法律、行政法规的规定，向其所在地区的有关机关申请办理批准手续，并须持有有关机关制发的有效证件方能进入香港特别行政区。各省、自治区、直辖市的人，包括香港永久性居民在内地所生的中国籍子女进入香港特别行政区，如未按国家有关法律、行政法规的规定办理相应的批准手续是不合法的。

2.《中华人民共和国香港特别行政区基本法》第二十四条第二款前三项规定：“香港特别行政区永久性居民为：（一）在香港特别行政区成立以前或以后在香港出生的中国公民；（二）在香港特别行政区成立以前或以后在香港通常居住连续七年以上的中国公民；（三）第（一）、（二）两项所列居民在香港以外所生的中国籍子女”，其中第（三）项关于“第（一）、（二）两项所列居民在香港以外所生的中国籍子女”的规定，是指无论本人是在香港特别行政区成立以前或以后出生，在其出生时，其父母双方或一方需是符合《中华人民共和国香港特别行政区基本法》第二十四条第二款第（一）项或第（二）项规定条件的人。本解释所阐明的立法原意以及《中华人民共和国香港特别行政区基本法》第二十四条第二款其他各项的立法原意，已体现在 1996 年 8 月 10 日全国人民代表大会香港特别行政区筹备委员会第四次全体会议通过的《关于实施〈中华人民共和国香港特别行政区基本法〉第二十四条第二款的意见》中。

本解释公布之后，香港特别行政区法院在引用《中华人民共和国香港特别行政区基本法》有关条款时，应以本解释为准。本解释不影响香港特别行政区终审法院 1999 年 1 月 29 日对有关案件判决的有关诉讼当事人所获得的香港特别行政区居留权。此外，其他任何人是否符合《中华人民共和国香港特别行政区基本法》第二十四条第二款第（三）项规定的条件均需以本解释为准。

链接三　吴嘉玲案

吴嘉玲、吴丹丹和徐权能是内地出生的中国籍人士，其均于1997年7月1日未通过入境管制站进入香港；张丽华小姐不是父母所婚生，此前她的双程证有效期届满。四人坚持依据《基本法》第24（2）条第三类别有居住权，但入境处处长并未承认他们的权利。

回归前，由于当时谣传香港特区政府成立后，将会对香港居民在内地所生的、当时在香港的子女宣布特赦，因而不少香港人在回归前安排子女通过合法或非法途径从内地进入香港并无证滞留。这些人认为香港特区《入境条例》中关于享有居留权儿童需要经过合法审批的安排违反基本法，要求通过司法程序解决其居留的合法性问题。在无证儿童中有72名儿童获得香港法律援助署协助，向香港特区高等法院原诉法庭提起诉讼，要求确认他们在香港享有居留权。1997年8月11日，香港特区高等法院原诉庭在上述72个儿童案中选出上述4个有代表性的案件进行审理。

1998年1月26日，原诉法庭裁决经香港临时立法会修订的《入境条例》中关于如果在内地出生时其父或母还不是香港永久居民的儿童，不享有香港居留权的规定与基本法相抵触，有关规定没有法律效力。原诉法庭判定香港特区政府败诉。

香港特区政府担心终审法院的判决会导致内地大量相关移民在短期内涌入香港，香港特区无相应的社会和经济资源承受大量移民涌入带来的巨大压力，因此上诉到高等法院上诉庭。1998年4月2日，上诉庭做出判决推翻原诉法庭的判决，裁定出生时父母双方必须有一方已经是香港永久居民的儿童才有资格获得居留权，认定香港特区政府实施的居留权证明书计划符合基本法规定。父母是香港永久居民的内地儿童如果在1997年7月1日前到达香港则拥有香港居留权。高等法院上诉庭判定香港政府胜诉。

无证儿童方面不服高等法院上诉庭的判决，上诉到终审法院。终审法院判定《入境条例》的有关规定不符合基本法第24条第2款第（三）项的规定。第（三）项所指的香港居民所生子女是包括其父或母在成为香港永久性居民之前或之后所生的子女。据此，终审法院于1999年1月29日对吴嘉玲案做出终审判决。判定香港特区政府败诉。

吴嘉玲案涉及的居留权条款经历香港特区法院的解释和人大释法两个过程，最终以人大释法明确了居留权条款的含义和香港特区法院解释基本法与全国人大常委会对接的原则、路径、程序、方法以及解释的效力。

——李太莲《〈香港特区基本法〉解释法制对接》，清华大学出版社，2011

（二）第2次释法：2004年就普选问题的释法

2003年年末，第三届行政长官的产生办法成为一个争拗话题。根据《基本法》第四十五条，特首的产生办法最终会由普选产生，但并未明确的订立具体的方案和时间表。不过，基本法附件一第七节亦说明了选举条例可以在2007年或以后被修改。

全国人大常委会在2004年4月6日通过关于对《香港基本法》附件一及附件二的解释，并明确表示在基本法的框架下修改选举条例的建议必须得到人大的支持。同年4月26日，全国人大常委会否决了于2007年行政长官选举及2008年立法会选举中实行普选。

全国人大常委会关于《中华人民共和国香港特别行政区基本法》附件一第七条和附件二第三条的解释（2004年4月6日第十届全国人民代表大会常务委员会第八次会议通过）

第十届全国人民代表大会常务委员会第八次会议审议了委员长会议关于提请审议《全国人民代表大会常务委员会关于〈中华人民共和国香港特别行政区基本法〉附件一第七条和附件二第三条的解释（草案）》的议案。经征询全国人民代表大会常务委员会香港特别行政区基本法委员会的意见，全国人民代表大会常务委员会决定，根据《中华人民共和国宪法》第六十七条第四项和《中华人民共和国香港特别行政区基本法》第一百五十八条第一款的规定，对《中华人民共和国香港特别行政区基本法》附件一《香港特别行政区行政长官的产生办法》第七条“2007年以后各任行政长官的产生办法如需修改，须经立法会全体议员三分之二多数通过，行政长官同意，并报全国人民代表大会常务委员会批准”的规定和附件二《香港特别行政区立法会的产生办法和表决程序》第三条“2007年以后香港特别行政区立法会的产生办法和法案、议案的表决程序，如需对本附件的规定进行修改，须经立法会全体议员三分之二多数通过，行政长官同意，并报全国人民代表大会常务委员会备案”的规定，作如下解释：

1．上述两个附件中规定的“2007年以后”，含2007年。

2．上述两个附件中规定的2007年以后各任行政长官的产生办法、立法会的产生办法和法案、议案的表决程序“如需”修改，是指可以进行修改，也可以不进行修改。

3．上述两个附件中规定的需经立法会全体议员三分之二多数通过，行政长官同意，并报全国人民代表大会常务委员会批准或者备案，是指行政长官的产生办法和立法会的产生办法及立法会法案、议案的表决程序修改时必经的法律程序。只有经过上述程序，包括最后全国人民代表大会常务委员会依法批准或者备案，该修改方可生效。是否需要进行修改，香港特别行政区行政长官应向全国人民代表大会常务委员会提出报告，由全国人民代表大会常务委员会依照《中华人民共和国香港特别行政区基本法》第四十五条和第六十八条规定，根据香港特别行政区的实际情况和循序渐进的原则确定。修改行政长官产生办法和立法会产生办法及立法会法案、议案表决程序的法案及其修正案，应由香港特别行政区政府向立法会提出。

4．上述两个附件中规定的行政长官的产生办法、立法会的产生办法和法案、议案的表决程序如果不做修改，行政长官的产生办法仍适用附件一关于行政长官产生办法的规定；立法会的产生办法和法案、议案的表决程序仍适用附件二关于第三届立法会产生办法的规定和附件二关于法案、议案的表决程序的规定。

（三）第3次释法：2005年就新行政长官任期的释法

2005年3月，时任行政长官董建华因病辞职。各界为下一任行政长官的任期而争论不休。建制派提出下一任行政长官应该继续董建华余下任期，并提出基本法中有相关立法原意。而反对派则认为下一任行政长官应开展新一个五年任期及要求2005年特首选举全面普选。

2005年4月6日，香港特别行政区署理行政长官请求国务院提请人大提出就《基本法》第五十三条有关新的行政长官的任期做出解释。4月27日，全国人大常委会对释法问题进行表决，全体委员一致通过补选的行政长官任期为前任余下的任期。

全国人民代表大会常务委员会关于《中华人民共和国香港特别行政区基本法》第五十三条第二款的解释（2005年4月27日第十届全国人民代表大会常务委员会第十五次会议通过）

第十届全国人民代表大会常务委员会第十五次会议审议了国务院《关于提请解释〈中华人民共和国香港特别行政区基本法〉第五十三条第二款的议案》。根据《中华人民共和国宪法》第六十七条第四项和《中华人民共和国香港特别行政区基本法》第一百五十八条第一款的规定，并征询全国人民代表大会常务委员会香港特别行政区基本法委员会的意见，全国人民代表大会常务委员会对《中华人民共和国香港特别行政区基本法》第五十三条第二款的规定，作如下解释：

《中华人民共和国香港特别行政区基本法》第五十三条第二款中规定：“行政长官缺位时，应在六个月内依本法第四十五条的规定产生新的行政长官。”其中“依本法第四十五条的规定产生新的行政官”，既包括新的行政长官应依据《中华人民共和国香港特别行政区基本法》第四十五条规定的产生办法产生，也包括新的行政长官的任期应依据《中华人民共和国香港特别行政区基本法》第四十五条规定的产生办法确定。

《中华人民共和国香港特别行政区基本法第四十五条第三款》规定：“行政长官产生的具体办法由附件一《香港特别行政区行政长官的产生办法》规定。”附件一第一条规定：“行政长官由一个具有广泛代表性的选举委员会根据本法选出，由中央人民政府任命。”第二条规定：“选举委员会每届任期五年。”第七条规定：“2007年以后各任行政长官的产生办法如需修改，须经立法会全体议员三分之二多数通过，行政长官同意，并报全国人民代表大会常务委员会批准。”上述规定表明，2007年以前，在行政长官由任期五年的选举委员会选出的制度安排下，如出现行政长官未任满《中华人民共和国香港特别行政区基本法》第四十六条规定的五年任期导致行政长官缺位的情况，新的行政长官的任期应为原行政长官的剩余任期；2007 年以后，如对上述行政长官产生办法做出修改，届时出现行政长官缺位的情况，新的行政长官的任期应根据修改后的行政长官具体产生办法确定。

（四）第 4 次释法：2011 年就国家豁免问题的释法

刚果民主共和国向中国中铁批出开矿权，期望换取中国中铁对国家的基建投资，却被一家美国基金公司以债权人身份，要求截取中国中铁投资的 1.02 亿美元作为抵债。刚果民主共和国以“绝对外交豁免权”抗辩，意图阻止基金公司追债，却被香港法院上诉庭裁定败诉，因香港依照普通法继续实行 1997 年的“有限豁免权”。刚果民主共和国不服判决，要求终审法院就外交豁免权提请人大释法。释法请求获终审法院同意，本次释法是首次由司法机构提出的。

2011 年 8 月 26 日，第十一届全国人大常委会第二十二次会议通过决议，因香港对外事务由中央人民政府负责，故此香港特区需跟从中央人民政府对刚果民主共和国实施“绝对外交豁免权”。

全国人民代表大会常务委员会关于《中华人民共和国香港特别行政区基本法》第十三条第一款和第十九条的解释（2011 年 8 月 26 日第十一届全国人民代表大会常务委员会第二十二次会议通过）

第十一届全国人民代表大会常务委员会第二十二次会议审议了委员长会议关于提请审议《全国人民代表大会常务委员会关于〈中华人民共和国香港特别行政区基本法〉第十三条第一款和第十九条的解释（草案）》的议案。委员长会议的议案是应香港特别行政区终审法院依据《中华人民共和国香港特别行政区基本法》第一百五十八条第三款的规定提请全国人民代表大会常务委员会解释《中华人民共和国香港特别行政区基本法》有关规定的报告提出的。

香港特别行政区终审法院在审理一起与刚果民主共和国有关的案件时，涉及香港特别行政区是否应适用中央人民政府决定采取的国家豁免规则或政策的问题。为此，香港特别行政区终审法院依据《中华人民共和国香港特别行政区基本法》第一百五十八条第三款的规定，提请全国人民代表大会常务委员会解释如下问题：“（1）根据第十三条第一款的解释，中央人民政府是否有权力决定中华人民共和国的国家豁免规则或政策；（2）如有此权力的话，根据第十三条第一款和第十九条的解释，香港特别行政区（‘香港特区’）（包括香港特区的法院）是否：①有责任援用或实施中央人民政府根据第十三条第一款所决定的国家豁免规则或政策；或②反之，可随意偏离中央人民政府根据第十三条第一款所决定的国家豁免规则或政策，并采取一项不同的规则；（3）中央人民政府决定国家豁免规则或政策是否属于《基本法》第十九条第三款第一句中所说的‘国防、外交等国家行为’；以及（4）香港特区成立后，第十三条第一款、第十九条和香港作为中华人民共和国特别行政区的地位，对香港原有（即 1997 年 7 月 1 日之前）的有关国家豁免的普通法（如果这些法律与中央人民政府根据第十三条第一款所决定的国家豁免规则或政策有抵触）所带来的影响，是否令到这些普通法法律，需按照《基本法》第八条和第一百六十条及于1997年2月23日根据第一百六十条做出的《全国人民代表大会常务委员会的决定》的规定，在适用时做出必要的变更、适应、限制或例外，以确保关于这方面的普通法符合中央人民政府所决定的国家豁免规则或政策。”香港特别行政区终审法院上述提请解释的做法符合《中华人民共和国香港特别行政区基本法》第一百五十八条第三款的规定。

根据《中华人民共和国宪法》第六十七条第（四）项和《中华人民共和国香港特别行政区基本法》第一百五十八条的规定，并征询全国人民代表大会常务委员会香港特别行政区基本法委员会的意见，全国人民代表大会常务委员会就香港特别行政区终审法院提请解释的《中华人民共和国香港特别行政区基本法》第十三条第一款和第十九条的规定以及相关问题，作如下解释：

1．关于香港特别行政区终审法院提请解释的第（1）个问题。依照《中华人民共和国宪法》第八十九条第（九）项的规定，国务院即中央人民政府行使管理国家对外事务的职权，国家豁免规则或政策属于国家对外事务中的外交事务范畴，中央人民政府有权决定中华人民共和国的国家豁免规则或政策，在中华人民共和国领域内统一实施。基于上述，根据《中华人民共和国香港特别行政区基本法》第十三条第一款关于“中央人民政府负责管理与香港特别行政区有关的外交事务”的规定，管理与香港特别行政区有关的外交事务属于中央人民政府的权力，中央人民政府有权决定在香港特别行政区适用的国家豁免规则或政策。

2．关于香港特别行政区终审法院提请解释的第（2）个问题。依照《中华人民共和国香港特别行政区基本法》第十三条第一款和本解释第一条的规定，中央人民政府有权决定在香港特别行政区适用的国家豁免规则或政策；依照《中华人民共和国香港特别行政区基本法》第十九条和本解释第三条的规定，香港特别行政区法院对中央人民政府决定国家豁免规则或政策的行为无管辖权。因此，香港特别行政区法院在审理案件时遇有外国国家及其财产管辖豁免和执行豁免问题，须适用和实施中央人民政府决定适用于香港特别行政区的国家豁免规则或政策。基于上述，根据《中华人民共和国香港特别行政区基本法》第十三条第一款和第十九条的规定，香港特别行政区，包括香港特别行政区法院，有责任适用或实施中央人民政府决定采取的国家豁免规则或政策，不得偏离上述规则或政策，也不得采取与上述规则或政策不同的规则。

3．关于香港特别行政区终审法院提请解释的第（3）个问题。国家豁免涉及一国法院对外国国家及其财产是否拥有管辖权，外国国家及其财产在一国法院是否享有豁免，直接关系到该国的对外关系和国际权利与义务。因此，决定国家豁免规则或政策是一种涉及外交的国家行为。基于上述，《中华人民共和国香港特别行政区基本法》第十九条第三款规定的“国防、外交等国家行为”包括中央人民政府决定国家豁免规则或政策的行为。

4．关于香港特别行政区终审法院提请解释的第（4）个问题。依照《中华人民共和国香港特别行政区基本法》第八条和第一百六十条的规定，香港原有法律只有在不抵触《中华人民共和国香港特别行政区基本法》的情况下才予以保留。根据《全国人民代表大会常务委员会关于根据〈中华人民共和国香港特别行政区基本法〉第一百六十条处理香港原有法律的决定》第四条的规定，采用为香港特别行政区法律的香港原有法律，自1997年7月1日起，在适用时，应做出必要的变更、适应、限制或例外，以符合中华人民共和国对香港恢复行使主权后香港的地位和《基本法》的有关规定。香港特别行政区作为中华人民共和国一个享有高度自治权的地方行政区域，直辖于中央人民政府，必须执行中央人民政府决定的国家豁免规则或政策。香港原有法律中有关国家豁免的规则必须符合上述规定才能在1997年7月1日后继续适用。基于上述，根据《中华人民共和国香港特别行政区基本法》第十三条第一款和第十九条的规定，依照《全国人民代表大会常务委员会关于根据〈中华人民共和国香港特别行政区基本法〉第一百六十条处理香港原有法律的决定》采用为香港特别行政区法律的香港原有法律中有关国家豁免的规则，从1997年7月1日起，在适用时，需做出必要的变更、适应、限制或例外，以符合中央人民政府决定采取的国家豁免规则或政策。

（五）第5次释法：2016年就宣誓制度的释法

2016年以来，在香港第六届立法会选举和议员宣誓过程中，一些参选人以及候任议员公然煽动“港独”以及具有“港独”性质的主张，公开声称要利用立法会平台推动“港独”活动，其中，有个别候任议员在宣誓仪式上公然侮辱国家和民族，严重破坏宣誓仪式，严重干扰立法会的正常运作。本次释法由全国人大常委会主动进行，并于2016年11月7日全票通过。

全国人民代表大会常务委员会关于《中华人民共和国香港特别行政区基本法》第一百零四条的解释（2016年11月7日第十二届全国人民代表大会常务委员会第二十四次会议通过）

第十二届全国人民代表大会常务委员会第二十四次会议审议了委员长会议提请审议《全国人民代表大会常务委员会关于〈中华人民共和国香港特别行政区基本法〉第一百零四条的解释（草案）》的议案。经征询全国人民代表大会常务委员会香港特别行政区基本法委员会的意见，全国人民代表大会常务委员会决定，根据《中华人民共和国宪法》第六十七条第四项和《中华人民共和国香港特别行政区基本法》第一百五十八条第一款的规定，对《中华人民共和国香港特别行政区基本法》第一百零四条“香港特别行政区行政长官、主要官员、行政会议成员、立法会议员、各级法院法官和其他司法人员在就职时必须依法宣誓拥护中华人民共和国香港特别行政区基本法，效忠中华人民共和国香港特别行政区”的规定，作如下解释：

1.《中华人民共和国香港特别行政区基本法》第一百零四条规定的“拥护中华人民共和国香港特别行政区基本法，效忠中华人民共和国香港特别行政区”，既是该条规定的宣誓必须包含的法定内容，也是参选或者出任该条所列公职的法定要求和条件。

2.《中华人民共和国香港特别行政区基本法》第一百零四条规定相关公职人员“就职时必须依法宣誓”，具有以下含义：

（1）宣誓是该条所列公职人员就职的法定条件和必经程序。未进行合法有效宣誓或者拒绝宣誓，不得就任相应公职，不得行使相应职权和享受相应待遇。

（2）宣誓必须符合法定的形式和内容要求。宣誓人必须真诚、庄重地进行宣誓，必须准确、完整、庄重地宣读包括“拥护中华人民共和国香港特别行政区基本法，效忠中华人民共和国香港特别行政区”内容的法定誓言。

（3）宣誓人拒绝宣誓，即丧失就任该条所列相应公职的资格。宣誓人故意宣读与法定誓言不一致的誓言或者以任何不真诚、不庄重的方式宣誓，也属于拒绝宣誓，所作宣誓无效，宣誓人即丧失就任该条所列相应公职的资格。

（4）宣誓必须在法律规定的监誓人面前进行。监誓人负有确保宣誓合法进行的责任，对符合本解释和香港特别行政区法律规定的宣誓，应确定为有效宣誓；对不符合本解释和香港特别行政区法律规定的宣誓，应确定为无效宣誓，并不得重新安排宣誓。

3.《中华人民共和国香港特别行政区基本法》第一百零四条所规定的宣誓，是该条所列公职人员对中华人民共和国及其香港特别行政区做出的法律承诺，具有法律约束力。宣誓人必须真诚信奉并严格遵守法定誓言。宣誓人作虚假宣誓或者在宣誓之后从事违反誓言行为的，依法承担法律责任。

人大释法是国家最高权力机关维护基本法权威和国家主权的一种法律武器，也是国家掌握一国两制的实施方向、主导权等的一项必要措施，这五次释法等于化解了五次危机，是中央运用法治思维和法治方式治理香港的重要体现。我们要明确立法解释是宪法和基本法赋予人大常委会的一种宪制权力，司法解释恰恰也是基本法对香港法律的授权，立法解释和司法解释都是正当的、合法的，基本法明确规定了双轨解释的制度，这个已经妥善地解决了两种司法差异的关系，应该说人大释法是构成香港司法的一部分。另外，不能以维护司法独立为名把人大释法列为破坏香港司法独立，破坏香港法制。基本法专门有一条来规定香港司法，作为法律制定者的人大释法是有利于澄清解决对基本法的困惑，有利于更加全面准确地来实施基本法，正是从宪制这个基础上来维护香港司法的，维护香港的法制。更重要的是，香港司法独立不是绝对的，这个司法独立不能凌驾于国家主权之上，不能够存在一种脱离违背基本法的司法独立。

邓小平在当年制定基本法的时候特别想到中央给香港沟通支持，但是要保留中央的干预，有些事情香港自己是解决不了的，必须要中央出头。1997 年香港回归至今，发生的这五次“人大释法”，从中可以看出中央治港 20 年所取得的成效、面临的问题以及应对挑战背后的思路与脉络。了解这一过程，有利于深刻认识中央对继续保持香港长治久安、繁荣稳定的立场、态度与信心。

四、回归 20 年的香港

今年是香港回归祖国的第 20 年，这 20 年来，内外经济环境发生了巨大变化，特别是经历了亚洲金融危机、非典疫情等多种风险的冲击。但是在祖国的支持和帮助下，香港特别行政区政府团结带领香港各界人士，攻坚克难，砥砺奋进，充分发挥“一国两制”的制度优势，成功地一次次化险为夷，保持香港社会经济政治大局稳定，并不断强化金融系统抗御风险的能力，使香港的国际金融中心地位更加巩固，推动各项事业向前发展，不断取得新成就、新进步。

（一）经济保持平稳发展

香港整体经济保持增长。回归以来，从 1997～2016 年，香港的平均经济增长率为 3.6%，高于欧美发达国家，GDP 总值从 1.37 万亿港币增至 2.49 万亿港币，特区政府的财政储备由 4575 亿港币增至 9083 亿港币。根据国际货币基金组织 2015 年数据，按购买力平价（PPP）计算，香港本地生产总值位居全球第 44 位，人均本地生产总值位居全球第 11 位。香港回归时，每年香港接待大约 1000 万人次游客，去年增加到 5600 万人次，其中，7 成来自内地。

国际金融、贸易、航运中心地位得以保持和提升。中国香港是重要的国际银行中心、全球第六大证券市场和第五大外汇市场。在多项国际金融中心的世界排名中，中国香港位居前列。中国香港是全球第九大贸易经济体，与世界上几乎所有的国家和地区保持贸易联系。中国香港是全球最大的集装箱港口之一和第四大船舶注册中心。中国香港国际机场是世界最繁忙的航空港之一，客运量位居全球第五位，货运量多年高居全球首位。

营商环境保持良好。中国香港是全球公认的最自由经济体之一。在世界银行对全球 185 个经济体营商环境的排名中，中国香港多年位居前列。根据联合国贸易和发展会议《2013 年世界投资报告》，中国香港在吸收外来直接投资方面位居全球第三位。在瑞士洛桑国际管理发展学院《世界竞争力年报》排名中，中国香港多年来都被评为全球最具竞争力经济体之一。由香港中国城市竞争力研究会、世界城市合作发展组织及香港桂强芳全球竞争力研究会合办的“2016 年全球城市竞争力排行榜”上，香港排名经济体竞争力第九，全球最开放城市排名第三位。

链接四　香港能在“一带一路”中发挥哪些作用?

香港参与“一带一路”建设，可以在五方面发挥独特优势：一是发挥香港国际金融中心优势，成为“一带一路”重大项目的融资平台，为沿线国家和地区提供专业高端的金融服务；二是发挥香港交通物流的优势，成为内地企业走出去的重要中转基地；三是发挥香港的专业服务优势，为“一带一路”建设提供金融、财务会计、法律及多元化商业模式的支持；四是发挥香港开放平台的优势，协助内地企业更好寻找战略合作伙伴，促进内地与香港寻找第三方市场；五是发挥香港人文交流的优势，与“一带一路”沿线国家特别是东南亚国家之间架起文化交流的桥梁。

——摘自2016年3月15日参考消息网

（二）民主政制依法稳步推进

香港回归前，英国委派总督在香港实行了150多年的殖民统治。回归后，香港特别行政区政府和立法机关由当地人组成。行政长官在当地通过选举或协商产生，由中央人民政府任命；立法机关由选举产生。《香港基本法》明确规定行政长官和立法会全部议员最终由普选产生，使之成为法定目标。香港特别行政区成立以来，中央人民政府和香港特别行政区政府坚定不移地按照《香港基本法》和全国人大常委会有关决定的规定，推动以行政长官产生办法和立法会产生办法为主要内容的民主政制循序渐进向前发展。

行政长官选举的民主程度不断提高。第一任行政长官人选经400人组成的推选委员会选举产生，第二任至第五任行政长官人选经选举委员会选举产生，选举委员会的规模由800人增至1200人。选举委员会由“工商、金融界”“专业界”“劳工、社会服务、宗教等界”以及“立法会议员、区议会议员的代表、乡议局的代表、香港特别行政区全国人民代表大会代表、香港特别行政区全国政协委员的代表”四大界别人士按相同比例组成，体现了均衡参与，具有广泛代表性。

立法会选举的直选因素不断增加。1998年选举产生的第一届立法会包括20名分区直接选举的议员，30名功能团体选举的议员和10名选举委员会选举的议员。2000年选举产生的第二届立法会包括24名分区直接选举的议员，30名功能团体选举的议员和6名选举委员会选举的议员。2004年选举产生的第三届立法会和2008年选举产生的第四届立法会，分区直接选举的议员和功能团体选举的议员各为30名。2012年第五届立法会选举时，立法会议员人数增加至70人，分区直接选举的议员和功能团体选举的议员各为35名，其中新增加的5个功能团体选举议席由区议会议员提名，并经全港原来没有功能团体选举权的选民一人一票选举产生。2016年第六届立法会选举，由地方选区和功能界别各选出 35 名议员，合共 70 名议员。地方选区为 5 个，分别是：香港岛、九龙西、九龙东、新界西、新界东，共有 84 张名单的 213 名候选人竞逐 35 个议席。功能界别方面，传统功能界别为 28 个，共选举产生 30 个议席，其中 10 个功能界别的 12 名候选人在无竞争对手的情况下自动当选，另有 43 名候选人竞逐剩余 18 个功能界别的议席。区议会（第二）功能界别由 9 张名单的 21 名候选人竞逐 5 个议席。选民数量方面，地方选区有约 378 万名已登记选民，较上一届增约 31 万，其中，347 万名选民除可在所属的地方选区投一票外，还可在区议会（第二）功能界别投下另一票，即“一人两票”。此外，18 个有竞逐的功能界别有约 23 万名选民。

（三）香港居民的基本权利和自由得到充分保护

香港居民依法享有的基本权利和自由受到宪法、《香港基本法》以及香港本地法律的充分保障。宪法和《香港基本法》从宪制层面确保了香港特别行政区居民的基本权利和自由，香港特别行政区还通过实施《性别歧视条例》《种族歧视条例》《个人资料（私隐）条例》《独立监察警方处理投诉委员会条例》《最低工资条例》等法例，为香港居民的权利和自由提供进一步保障。特别行政区政府设立平等机会委员会、个人资料私隐专员公署、申诉专员公署、法律援助署、独立监察警方处理投诉委员会、法律援助服务局、妇女委员会、扶贫委员会等多个机构，协助推广、保护居民的基本权利和自由。

此外，《香港基本法》明确规定，香港特别行政区居民中的中国公民依法参与国家事务的管理。根据全国人民代表大会确定的名额和代表产生办法，由香港居民中的中国公民选出香港特别行政区的全国人民代表大会代表，参加最高国家权力机关的工作。香港特别行政区先后举行四届全国人民代表大会代表选举，每届均由选举会议选举产生 36 名代表。中国人民政治协商会议历来重视吸收香港同胞参加，除特邀香港人士界别外，其他一些界别也吸收香港社会代表性人士。政协第十二届全国委员会特邀香港人士界别有香港地区委员 124 人，其他 16 个界别有香港地区委员 82 人。

（四）各项社会事业迈上新台阶

教育事业在亚太地区保持领先地位。香港在教育方面的开支，1997 年是 300 多亿港元，到 2016 年达到 786 亿港元。香港特别行政区政府持续加大对教育投入，2016～2017 财政年度教育总支出预算为 840 亿港元，占政府总开支的 17%，是政府开支的第一大项目。2008～2009 学年开始在公营学校实施十二年免费教育。2016 年 8 月，香港将实现 15 年免费教育，从幼稚园到高中都纳入免费教育范围。根据英国泰晤士高等教育研究机构公布的 2016 年亚洲大学排行榜，中国香港共有 6 所大学登上榜单，并且位置都在前 50 名，除了分别排名第四和第六的中国香港大学和香港科技大学，还包括中国香港中文大学、香港城市大学、香港理工大学和香港浸会大学。2015～2016 年世界大学排名中，中国香港理工大学名列第 28 位，中国香港大学名列第 30 位。在反映基础教育水平的“国际学生评估（PISA）”2016 年全球测试中，中国香港继续名列前茅。

医疗卫生事业不断进步。2016～2017 财政年度用于医疗服务的财政预算支出 660 亿港元，占政府经常开支的 19%，较 10 年前增加 1 倍。香港居民可平等享受价格低廉的公立医院服务。截至 2012 年年底，香港各类医疗卫生机构共有病床 3.55 万张。香港婴儿死亡率由 1997 年的 4‰下降至 2013 年的 1.6‰，是全球婴儿死亡率最低的地方之一。香港特区政府统计处 2016 年公布的一份报告显示，2015 年香港男性平均预期寿命 81.3 岁，女性平均预期寿命 87.3 岁，是全球预期寿命最高的地方之一。

文化、体育事业蓬勃发展。香港中外文化荟萃，特别行政区政府鼓励文化艺术多元发展，促进相互交流。香港已有潮人盂兰胜会、大坑舞火龙、大澳端午龙舟游涌、长洲太平清醮 4 个独有项目被列入第三批国家级非物质文化遗产名录。香港 2008 年协办北京奥运会马术比赛项目，2009 年主办第五届东亚运动会。帆板、乒乓球、自行车、武术等项目的运动员在奥运会、世锦赛、亚锦赛等国际赛场上屡创佳绩。

社会保障逐步完善。香港特别行政区政府在社会福利方面的开支总额由 1997～1998 财政年度的 204 亿港元增长到 2014～2015 财政年度预算的 619 亿港元，增长了 2.03 倍。香港已形成多层次、多元化的社会保障和福利服务体系。社会服务机构共有 400 多家，注册社工从 1998 年年底的 8300 名发展到目前的 1.8 万多名。特别行政区政府还积极推动公共房屋建设，协助基层市民入住公共房屋，资助市民自置居所。香港约有一半市民居住在政府提供或资助的房屋，其中，超过 200 万人租住公共房屋，100 多万人居住在政府资助的自置房屋。

（五）对外交往和国际影响进一步扩大，对外联系更加广泛

截至 2017 年 6 月，香港以中国政府代表团成员或其他适当身份参与以国家为单位参加的共 41 个政府间国际组织相关活动，参加不限主权国家参加的政府间国际组织 37 个。已有 157 个国家和地区给予香港特别行政区护照持有人免签证或落地签证安排。香港以中国政府代表团成员身份或其他适当身份参加有关国际会议 1400 多次，以“中国香港”名义参加不以国家为单位参加的国际会议 2 万余次，共举办或协办国际会议 1000 多次。香港特别行政区已与 42 个国家签署互免签证协议，150 个国家和地区单方面给予特别行政区护照持有人免签或落地签待遇。香港特别行政区还与多个国家签署了民用航空运输、避免双重征税、促进和保护投资、刑事司法协助等协定。香港特别行政区政府在日内瓦、伦敦、东京、纽约、柏林等 11 个地方设立了驻外经济贸易办事处。欧盟委员会等 6 个国际组织在香港设立了代表机构。杰出专业人士担任国际组织重要职位。在中央人民政府的大力支持下，香港特别行政区政府卫生署原署长陈冯富珍女士 2006 年 11 月当选为世

界卫生组织总干事，并于 2012 年 5 月成功连任，是联合国成立以来第一位担任政府间国际组织最高负责人的中国人；香港天文台台长岑智明 2010 年 2 月当选为世界气象组织航空气象学委员会主席。

展望下一个 20 年，内地将继续推进人民币国际化进程，加快金融市场对外开放和实现与国际市场的深度融合，将为香港国际金融中心提供源源不断的发展动力。而近期的“一带一路”建设和粤港澳大湾区建设也将为香港提供新的发展契机。总而言之，香港的发展是在国家发展的大前提下找到自身经济新的增长点，过去是这样，未来也将是一样。把握内地经济大势及脉动才是香港出路的不二法门。

思考题

1. 《香港基本法》解释的法律依据是什么？
2. 结合全国人大常委会解释《香港基本法》的五次实践，谈谈人大释法的重要意义。
3. 什么是“一国两制”？结合香港回归 20 年的发展，分析“一国两制”构想在香港的实践。

延伸阅读

1. 国务院新闻办公室：《“一国两制”在香港特别行政区的实践》，2014-06
2. 《数说香港》(第一集～第七集)，南方网
3. 人大释法是维护“一国两制”和香港法治的必要之举，中国法院网
4. 饶戈平：《人大释法对“一国两制”具有深远意义和影响》，紫荆网，2016-12

第五讲　积极参与　共同繁荣
——“一带一路”建设的新举措与新成就

教学目的

通过本章学习，使学生对“一带一路”理念有进一步的理解和认识，并密切关注“一带一路”推进情况，清楚地认识中国作为发起者和有担当的实践者所发挥的作用和做出的贡献，了解共建“一带一路”的丰富成果，培养学生的国际主义视野和爱国主义精神。

教学重点和难点

1. “一带一路”的合作框架

2. “一带一路”旨在构建人类命运共同体

主要内容

1. “一带一路”的由来与现状

2. “一带一路”的合作框架和思路

3. “一带一路”各领域合作不断深入

4. “一带一路”旨在构建人类命运共同体

天下大同是中国古代先贤们期盼的理想社会。与之相对应，中国传统文化一直倡导“大道之行也，天下为公”，坚持“和为大道”，谋求“万邦和谐”“万国咸宁”。

党的十八大以来，习近平提出了“命运共同体”理念，正与“大同社会”的思想一脉相承。他强调“相互尊重、平等相处、和平发展、共同繁荣，才是人间正道”，反对“冷战思维和零和博弈”，着力“把中国梦同沿线各国人民的梦想结合起来”。一言以蔽之，就是“中国人始终认为，世界好，中国才能好；中国好，世界才更好”。朴素的话语饱含了最真诚的愿望和最有力的支持。

煌煌千年，中国人所秉持的“和”的理念从未更改。

构建人类命运共同体是一个宏大的愿景，而“一带一路”倡议就是这一愿景在现实社会的投射和具象化，是实现这一愿景的具体化的行之有效的措施。

"当西方在筑墙向内退缩时，东方却在打造向外推进的门户，通过中国提出的'一带一路'倡议来迎接全球化。"马来西亚《新海峡时报》网站评论说。

"一带一路"，行的是天下大道。这是一条通向美好的道路。老挝歌曲《一带一路》唱到："一带一路，有你有我，大小问题，一起面对""丝绸之路，你我肩并肩，携手创辉煌"。未来不会是一帆风顺，但只要我们矢志不渝，"美美与共，天下大同"不是梦。

一、"一带一路"的由来与现状

2013 年 9 月和 10 月，国家主席习近平先后提出共建"丝绸之路经济带"和"21 世纪海上丝绸之路"（以下简称"一带一路"）倡议，得到国际社会的高度关注和积极响应。它将充分依靠中国与有关国家既有的双多边机制，借助既有的、行之有效的区域合作平台，借用古丝绸之路的历史符号，融入新的时代内涵，高举和平发展的旗帜，积极发展与沿线国家的经济合作伙伴关系，共同打造政治互信、经济融合、文化包容的利益共同体、命运共同体和责任共同体。"一带一路"贯穿欧亚大陆，东边连接亚太经济圈，西边进入欧洲经济圈，大致涉及 65 个国家，总人口 44 亿，生产总值 23 万亿美元，分别占全球的 62.5%和 28.6%。

张骞出使西域，打开了中西之间的交通，从此中国与西方及中亚、西亚、南亚地区的友好往来迅速发展，"使者相望于道，商旅不绝于途"。此番破除文化政治地域禁锢的征途被史学家司马迁誉为"凿空之旅"。

而今，"一带一路"——21 世纪的"凿空之旅"承接了千年前的流风余韵并将之发扬光大，走出了一条比先贤们更坚定、更宽广的道路。4 年来，"一带一路"已逐渐从理念转化为行动，从愿景转变为现实，成果丰硕：政策沟通不断深化、设施联通不断加强、贸易畅通不断提升、资金融通不断扩大、民心相通不断促进。

链接一　　丝绸之路

丝绸之路是张骞（约公元前 164—前 114 年）于西汉（公元前 202～公元 9 年）出使亚洲中、西部地区开辟的以长安（今陕西西安）为起点（东汉则起自洛阳），经关中平原、河西走廊、塔里木盆地，到锡尔河与乌浒河之间的中亚河中地区、大伊朗，并联结地中海各国的陆上通道。

古丝绸之路起始于中国，是连接亚洲、非洲和欧洲的商业贸易路线。从运输方式上主要分为陆上丝绸之路和海上丝绸之路（海上丝绸之路有广州、泉州、宁波三个主港和扬州、福州等支线港组成）。丝绸之路是一条东方与西方之间在经济、政治、文化进行交流的主要道路。它最初的作用是运输中国古代出产的丝绸、瓷器等商品。德国地理学家费迪南·冯·李希霍芬最早在19世纪70年代将之命名为“丝绸之路”。

——百度百科

截至2016年年底，中国企业已在“一带一路”沿线20多个国家建设了56个经贸合作区，累计投资超过185亿美元，为东道国创造了近11亿美元税收和18万个就业岗位。

在埃塞俄比亚，非洲首条全套采用中国标准和中国装备建造的现代电气化铁路亚吉铁路已建成通车，非洲铁路史翻开崭新一页；连接东非第一大港口蒙巴萨和肯尼亚首都内罗毕的蒙内铁路，是肯尼亚半个多世纪以来兴建的最大基建项目；2014年5月，中哈物流基地在中国连云港启动，哈萨克斯坦乃至中亚第一次正式获得通向太平洋的出海口……

2013年中国倡议筹建亚洲基础设施投资银行，2016年正式开业，成员从最初创立时的57个扩大到77个；2014年中国提出设立丝路基金，如今首批投资项目已启动，实际拨付投资金额53亿美元……

链接二　　亚投行、亚开行

亚　投　行

2013年10月2日，习近平主席提出筹建倡议，2014年10月24日，包括中国、印度、新加坡等在内21个首批意向创始成员国的财长和授权代表在北京签约，共同决定成立亚洲基础设施投资银行。

亚洲基础设施投资银行（Asian Infrastructure Investment Bank，简称亚投行，AIIB）是一个政府间性质的亚洲区域多边开发机构，重点支持基础设施建设，成立宗旨在促进亚洲区域的建设互联互通化和经济一体化的进程，并且加强中国及其他亚洲国家和地区的合作，总部设在北京。亚投行法定资本1000亿美元，中国持有最大股份。中国向全亚洲输出资本的战略性平台亦由此建立。

截至2015年4月15日，亚投行意向创始成员国确定为57个，其中，域内国家37个、域外国家20个，涵盖了除美日和加拿大之外的主要西方国家以及亚欧区域的大部分国家，成员遍及五大洲。其他国家和地区今后仍可以作为普通成员加入亚投行。

各方商定将于2015年年中完成亚投行章程谈判并签署，年底前完成章程生效程序，正式成立亚投行。

根据亚洲开发银行的预测，2010年到2020年，亚太地区约有8万亿美元的基础设施建设资金需求。中国社会科学院世界经济与政治研究所副所长姚枝仲测算，亚投行资本金1000亿美金，通过金融杠杆放大5～10倍，将能撬动5000亿～1万亿的资金支持规模。

亚 开 行

亚开行，即亚洲开发银行，创建于1966年11月24日，总部设在菲律宾首都马尼拉。截至2013年12月底，亚行有67个成员，其中，48个来自亚太地区，19个来自其他地区。中国于1986年3月10日加入亚开行。按各国认股份额，中国居第三位（6.44%），日本和美国并列第一位（15.60%）。按各国投票权，中国也是第三位（5.45%）；日本和美国并列第一位（12.78%），在这个组织中都是第一大出资国，拥有一票否决权。

美国和日本共同主导的亚洲开发银行。无论是世界银行还是亚洲银行，要获得贷款都要在政府透明度、意识形态等方面通过考核，还有环保、雇佣、招投标等方面的多种要求。各种考核动辄需要一两年，不但耗费大量人力、物力、财力，更有可能延误时机。除了条件苛刻、效率不高之外，更大的问题还是这些金融机构根本无法满足需求。

——百度百科

二、“一带一路”的合作框架和思路

中国秉持“和平合作、开放包容、互学互鉴、互利共赢”的丝绸之路精神，坚持共商、共建、共享原则，不断扩大与“一带一路”沿线国家的合作共识，推动共建“一带一路”由规划设计方案变为各方参与的合作行动。

（一）达成合作共识

中国主动推动共建“一带一路”倡议与“一带一路”沿线国家的国家战略、发展愿景、总体规划等有效对接，寻求共建“一带一路”的合适切入点。截至2016年年底，已有100多个国家表达了对共建“一带一路”倡议的支持和参与意愿，中国与39个国家和国际组织签署了46份共建“一带一路”合作协议，涵盖互联互通、产能、投资、经贸、金融、科技、社会、人文、民生、海洋等合作领域。2015年7月10日，上海合作组织发表了《上海合作组织成员国元首乌法宣言》，支持中国关于建设丝绸之路经济带的倡议。2016年11月17日，联合国193个会员国协商一致通过决议，欢迎共建“一带一路”等经济合作倡议，呼吁国际社会为“一带一路”建设提供安全保障环境。2017年3月17日，联合国安理会一致通过第2344号决议，呼吁国际社会通过“一带一路”建设加强区域经济合作。中国积极履行国际责任，在共建“一带一路”框架下深化同各有关国际组织的合作，与联合国开发计划署、联合国亚洲及太平洋经济社会委员会、世界卫生组织签署共建“一带一路”的合作文件。

中国政府对共建“一带一路”高度重视，成立了推进“一带一路”建设工作领导小组，在国家发展和改革委员会设立领导小组办公室。为落实好已签署的共建“一带一路”

合作协议，领导小组办公室制定了工作方案，有步骤地推进同相关国家的合作。按照协商一致的原则，与先期签署备忘录的国家共同编制双边合作规划纲要，编制并签署中蒙俄经济走廊建设规划纲要和中哈（萨克斯坦）、中白（俄罗斯）、中捷（克）对接合作文件，开展同老挝、柬埔寨、孟加拉国、塔吉克斯坦、沙特阿拉伯、波兰、匈牙利等国的规划对接。

（二）构建顶层框架

根据国家主席习近平的倡议和新形势下推进国际合作的需要，结合古代陆海丝绸之路的走向，共建“一带一路”确定了五大方向：丝绸之路经济带有三大走向，一是从中国西北、东北经中亚、俄罗斯至欧洲、波罗的海；二是从中国西北经中亚、西亚至波斯湾、地中海；三是从中国西南经中南半岛至印度洋。21 世纪海上丝绸之路有两大走向，一是从中国沿海港口过南海，经马六甲海峡到印度洋，延伸至欧洲；二是从中国沿海港口过南海，向南太平洋延伸。

根据上述五大方向，按照共建“一带一路”的合作重点和空间布局，中国提出了“六廊六路多国多港”的合作框架。“六廊”是指新亚欧大陆桥、中蒙俄、中国－中亚－西亚、中国－中南半岛、中巴和孟中印缅六大国际经济合作走廊。“六路”指铁路、公路、航运、航空、管道和空间综合信息网络，是基础设施互联互通的主要内容。“多国”是指一批先期合作国家。“一带一路”沿线有众多国家，中国既要与各国平等互利合作，也要结合实际与一些国家率先合作，争取有示范效应、体现“一带一路”理念的合作成果，吸引更多国家参与共建“一带一路”。“多港”是指若干保障海上运输大通道安全畅通的合作港口，通过与“一带一路”沿线国家共建一批重要港口和节点城市，进一步繁荣海上合作。“六廊六路多国多港”是共建“一带一路”的主体框架，为各国参与“一带一路”合作提供了清晰的导向。

（三）共建经济走廊

新亚欧大陆桥、中蒙俄、中国－中亚－西亚经济走廊经过亚欧大陆中东部地区，不仅将充满经济活力的东亚经济圈与发达的欧洲经济圈联系在一起，更畅通了连接波斯湾、地中海和波罗的海的合作通道，为构建高效畅通的欧亚大市场创造了可能，也为地处“一带一路”沿线、位于亚欧大陆腹地的广大国家提供了发展机遇。中国－中南半岛、中巴和孟中印缅经济走廊经过亚洲东部和南部这一全球人口最稠密地区，连接沿线主要城市和人口、产业集聚区。澜沧江－湄公河国际航道和在建的地区铁路、公路、油气网络，将丝绸之路经济带和 21 世纪海上丝绸之路联系到一起，经济效应辐射南亚、东南亚、印度洋、南太平洋等地区。

新亚欧大陆桥经济走廊。新亚欧大陆桥经济走廊由中国东部沿海向西延伸，经中国西北地区和中亚、俄罗斯抵达中东欧。新亚欧大陆桥经济走廊建设以中欧班列等现代化国际物流体系为依托，重点发展经贸和产能合作，拓展能源资源合作空间，构建畅通高效的区域大市场。截至2016年年底，中欧班列运行路线达39条，开行近3000列，覆盖欧洲9个国家、14个城市，成为沿途国家促进互联互通、提升经贸合作水平的重要平台。中哈国际物流合作项目进展顺利，已成为哈萨克斯坦开展贸易和跨境运输合作的重要窗口。中哈霍尔果斯国际边境合作中心建设稳步推进。比雷埃夫斯港运营顺利，为中希（腊）互利共赢做出贡献。

中蒙俄经济走廊。2014年9月11日，国家主席习近平在出席中国、俄罗斯、蒙古国三国元首会晤时提出，将“丝绸之路经济带”同“欧亚经济联盟”、蒙古国“草原之路”倡议对接，打造中蒙俄经济走廊。2015年7月9日，三国有关部门签署了《关于编制建设中蒙俄经济走廊规划纲要的谅解备忘录》。2016年6月23日，三国元首共同见证签署了《建设中蒙俄经济走廊规划纲要》，这是共建“一带一路”框架下的首个多边合作规划纲要。在三方的共同努力下，规划纲要已进入具体实施阶段。

中国－中亚－西亚经济走廊。中国－中亚－西亚经济走廊由中国西北地区出境，向西经中亚至波斯湾、阿拉伯半岛和地中海沿岸，辐射中亚、西亚和北非有关国家。2014年 6月5日，国家主席习近平在中国－阿拉伯国家合作论坛第六届部长级会议上提出构建以能源合作为主轴，以基础设施建设、贸易和投资便利化为两翼，以核能、航天卫星、新能源三大高新领域为突破口的中阿“1+2+3”合作格局。2016年G20杭州峰会期间，中哈（萨克斯坦）两国元首见证签署了《中哈丝绸之路经济带建设和“光明之路”新经济政策对接合作规划》。中国与塔吉克斯坦、吉尔吉斯斯坦、乌兹别克斯坦等国签署了共建丝绸之路经济带的合作文件，与土耳其、伊朗、沙特、卡塔尔、科威特等国签署了共建“一带一路”合作备忘录。中土双方就开展土耳其东西高铁项目合作取得重要共识，进入实质性谈判阶段。

中国－中南半岛经济走廊。中国－中南半岛经济走廊以中国西南为起点，连接中国和中南半岛各国，是中国与东盟扩大合作领域、提升合作层次的重要载体。

2016年5月26日，第九届泛北部湾经济合作论坛暨中国－中南半岛经济走廊发展论坛发布《中国－中南半岛经济走廊倡议书》。中国与老挝、柬埔寨等国签署共建“一带一路”合作备忘录，启动编制双边合作规划纲要。推进中越陆上基础设施合作，启动澜沧江－湄公河航道二期整治工程前期工作，开工建设中老铁路，启动中泰铁路，促进基础设施互联互通。设立中老磨憨－磨丁经济合作区，探索边境经济融合发展的新模式。

中巴经济走廊。中巴经济走廊是共建“一带一路”的旗舰项目，中巴两国政府高度重视，积极开展远景规划的联合编制工作。2015年4月20日，两国领导人出席中巴经济走廊部分重大项目动工仪式，签订了51项合作协议和备忘录，其中近40项涉及中巴经济走廊建设。“中巴友谊路”——巴基斯坦喀喇昆仑公路升级改造二期、中巴经济走廊规模最大的公路基础设施项目——白沙瓦至卡拉奇高速公路顺利开工建设，瓜达尔港自由区起步区加快建设，走廊沿线地区能源电力项目快速上马。

孟中印缅经济走廊。孟中印缅经济走廊连接东亚、南亚、东南亚三大次区域，沟通太平洋、印度洋两大海域。2013 年 12 月，孟中印缅经济走廊联合工作组第一次会议在中国昆明召开，各方签署了会议纪要和联合研究计划，正式启动孟中印缅经济走廊建设政府间合作。2014 年 12 月召开孟中印缅经济走廊联合工作组第二次会议，广泛讨论并展望了孟中印缅经济走廊建设的前景、优先次序和发展方向。

三、“一带一路”各领域合作不断深入

共建“一带一路”以政策沟通、设施联通、贸易畅通、资金融通、民心相通为主要内容，既开展互联互通、产能合作、贸易投资等重点领域的务实合作，也重视推动沿线国家之间多种形式的人文交流，实现经济和文化的共同繁荣发展。

（一）促进基础设施建设和互联互通

加强基础设施建设，推动跨国、跨区域互联互通是共建“一带一路”的优先合作方向。中国政府鼓励实力强、信誉好的企业走出国门，在“一带一路”沿线国家开展铁路、公路、港口、电力、信息通信等基础设施建设，促进地区互联互通，造福广大民众。

1．对接建设规划。中国与“一带一路”沿线国家对接基础设施建设规划，建立由主管部门牵头的双多边互联互通政策协商和对话机制，同时重视发展互联互通伙伴关系，将加强基础设施互联互通纳入共建“一带一路”合作协议。中国政府部门与欧盟委员会签署谅解备忘录，启动中欧互联互通平台合作。中国、老挝、缅甸和泰国四国共同编制了《澜沧江－湄公河国际航运发展规划（2015～2025 年）》。2016 年 9 月，《二十国集团领导人杭州峰会公报》通过中国提出的建立“全球基础设施互联互通联盟”倡议。

2．衔接质量技术体系。中国在尊重相关方主权和关切的基础上，推动与“一带一路”相关国家在标准、计量和认证认可体系方面的合作。中国政府部门发布了《标准联通“一带一路”行动计划（2015～2017 年）》《共同推动认证认可服务“一带一路”建设的愿景与行动》《“一带一路”计量合作愿景和行动》，推进认证认可和标准体系对接，共同制定国际标准和认证认可规则。中国将与“一带一路”沿线国家共同努力，促进计量标准“一次测试、一张证书、全球互认”，推动认证认可和检验检疫“一个标准、一张证书、区域通行”。

3．促进运输便利化。中国与“一带一路”沿线 15 个国家签署了包括《上海合作组织成员国政府间国际道路运输便利化协定》《关于沿亚洲公路网国际道路运输政府间协定》在内的 16 个双多边运输便利化协定，启动《大湄公河次区域便利货物及人员跨境运

输协定》便利化措施，通过 73 个陆上口岸开通了 356 条国际道路运输线路。与“一带一路”沿线 47 个国家签署了 38 个双边和区域海运协定，与 62 个国家签订了双边政府间航空运输协定，民航直航已通达 43 个国家。中国政府有关部门还发布了《关于贯彻落实“一带一路”倡议加快推进国际道路运输便利化的意见》，推动各国互联互通法规和体系对接，增进“软联通”。

4．推动项目建设。中老铁路、匈塞铁路、中俄高铁、印尼雅万高铁、巴基斯坦白沙瓦至卡拉奇高速公路、中巴喀喇昆仑公路二期升级改造、比雷埃夫斯港、汉班托塔港、瓜达尔港等标志性项目建设取得进展。埃塞俄比亚的斯亚贝巴－吉布提铁路建成通车，这是非洲第一条跨国电气化铁路。哈萨克斯坦南北大通道 TKU 公路、白俄罗斯铁路电气化改造以及中国企业在乌兹别克斯坦、塔吉克斯坦实施的铁路隧道等项目，将有效提升所在国运输能力。中国愿与有关国家一道，继续打造连接亚洲各次区域以及亚非欧之间的交通基础设施网络，提升互联互通水平和区域、次区域物流运输效率。

5．联通能源设施。中国积极推动与相关国家的能源互联互通合作，推进油气、电力等能源基础设施建设，与相关国家共同维护跨境油气管网安全运营，促进国家和地区之间的能源资源优化配置。中俄原油管道、中国－中亚天然气管道 A/B/C 线保持稳定运营，中国－中亚天然气管道 D 线和中俄天然气管道东线相继开工，中巴经济走廊确定的 16 项能源领域优先实施项目已有 8 项启动建设。中国与俄罗斯、老挝、缅甸、越南等周边国家开展跨境电力贸易，中巴经济走廊、大湄公河次区域等区域电力合作取得实质性进展，合作机制不断完善。中国企业积极参与“一带一路”沿线国家电力资源开发和电网建设改造，中兴能源巴基斯坦 QA 光伏发电项目建成后将成为全球规模最大的单体光伏发电项目，吉尔吉斯斯坦达特卡－克明输变电、老挝胡埃兰潘格雷河水电站、巴基斯坦卡洛特水电站等项目有助于缓解当地电力不足的矛盾。

6．打造信息网络。“一带一路”沿线国家共同推进跨境光缆等通信网络建设，提高国际通信互联互通水平。截至 2016 年年底，中国通过国际海缆可连接美洲、东北亚、东南亚、南亚、大洋洲、中东、北非和欧洲地区，通过国际陆缆连接俄罗斯、蒙古国、哈萨克斯坦、吉尔吉斯斯坦、塔吉克斯坦、越南、老挝、缅甸、尼泊尔、印度等国，延伸覆盖中亚、东南亚、北欧地区。中国政府有关部门还与土耳其、波兰、沙特阿拉伯等国机构签署了《关于加强“网上丝绸之路”建设合作促进信息互联互通的谅解备忘录》，推动互联网和信息技术、信息经济等领域合作。

（二）提升经贸合作水平

中国与“一带一路”沿线国家已经建立了紧密的经贸联系，有力地促进了各国经济和产业发展。中国重视进一步发展与“一带一路”沿线国家互利共赢的经贸伙伴关系，致力于建立更加均衡、平等和可持续的贸易体系。

1．密切经贸联系。中国与“一带一路”沿线国家贸易规模与结构持续优化，货物贸易平稳增长，服务贸易合作出现新亮点。在全球贸易持续低迷的背景下，2016 年中国与“一带一路”沿线国家货物贸易总额 9478 亿美元，占同期中国货物进出口总额的 25.7%。与“一带一路”沿线国家服务进出口总额 1222 亿美元，占同期中国服务进出口总额的 15.2%，比 2015 年提高 3.4 个百分点。在产业转型升级、内需持续增长和消费需求升级的多重驱动下，中国巨大的国内市场也为“一带一路”沿线各国提供了广阔的经贸合作机遇。

2．构建“一带一路”自贸区网络。中国倡导更具包容性的自由贸易，与“一带一路”沿线经济体积极开展贸易协定谈判。中国－东盟自贸区升级、中国－格鲁吉亚自贸谈判已经完成，区域全面经济伙伴关系协定（RCEP）谈判取得积极进展，中国－马尔代夫自贸区等协定谈判取得重要突破。推进中国－海合会、中国－以色列、中国－斯里兰卡以及中国－巴基斯坦自贸区第二阶段谈判，推动中国－尼泊尔、中国－孟加拉国自贸区和中国－摩尔多瓦自贸协定联合可行性研究。

3．推动贸易便利化。中国与“一带一路”沿线国家共同推进海关大通关体系建设，与沿线海关开展“信息互换、监管互认、执法互助”合作。启动国际贸易“单一窗口”试点，加快检验检疫通关一体化建设，实现“进口直通、出口直放”。在口岸开辟哈萨克斯坦、吉尔吉斯斯坦、塔吉克斯坦农产品快速通关“绿色通道”。发布《“一带一路”检验检疫合作重庆联合声明》《“一带一路”食品安全合作联合声明》《第五届中国－东盟质检部长会议联合声明》。与“一带一路”沿线国家和地区签署了 78 项合作文件，推动工作制度对接、技术标准协调、检验结果互认、电子证书联网。

（三）扩大产能与投资合作

开展国际产能和装备制造合作，扩大相互投资是共建“一带一路”的另一优先合作方向。中国是世界制造业大国，一些产业具有较强的国际竞争力。中国政府支持本国优势产业走出去，以严格的技术和环保标准，在“一带一路”沿线国家开展多元化投资，培育双边经济合作新亮点。

1．扩大合作共识。截至 2016 年年底，中国已同哈萨克斯坦、埃塞俄比亚等 27 个国家签订了国际产能合作文件，与东盟 10 国发表《中国－东盟产能合作联合声明》，与湄公河 5 国发表《澜沧江－湄公河国家产能合作联合声明》，开展了规划、政策、信息、项目等多种形式的对接合作。与俄罗斯在总理定期会晤机制下成立了中俄投资合作委员会，协调两国非能源产业的投资合作。在形成共识的基础上，中国按照市场主导和互利共赢原则，与有关国家围绕原材料、装备制造、轻工业、清洁能源、绿色环保和高技术产业等领域实施了一系列合作项目，提升东道国产业发展水平，创造税收和就业岗位。

2．共建合作平台。截至 2016 年年底，中国在沿边省区设立了 7 个重点开发开放试验区、17 个边境经济合作区和 2 个双边边境经济合作区，并与尼泊尔、缅甸、蒙古国、越南等周边国家就双边边境经济合作区建设开展深入磋商，取得积极进展。中国企业在“一带一路”沿线20个国家正在建设的56个经贸合作区，累计投资超过185亿美元，是深化投资合作、移植复制中国发展经验的重要载体。中白工业园、泰中罗勇工业园、埃及苏伊士经贸合作区等境外园区建设成效显著，成为中国企业集群式走出去的平台和友好合作的象征。中国部分地区结合自身特色，积极探索建设“一带一路”经贸合作园区，打造面向欧亚、对接周边的现代国际贸易聚集平台。

3. 促进投资便利化。作为吸引外资和对外投资大国，中国支持跨国跨地区的投资便利化。中国政府大力推进简政放权，放宽外资准入，加快推进自由贸易试验区建设，营造高标准的国际营商环境，吸引各国来华投资。同时，“一带一路”沿线国家也成为中国对外投资的重要目的地。2016年，中国对这一区域投资145亿美元，占同期对外投资总额的8.5%，新签署对外承包工程合同额1260亿美元，增长36%。双边投资保护协定谈判进程加快，截至2016年年底，中国与“一带一路”沿线53个国家签署了双边投资协定，与大部分国家建立了经贸和投资合作促进机制。中国还与“一带一路”沿线54个国家签署了避免双重征税协定，共同为企业享有税收公平待遇、有效解决纠纷创造了良好的税收和法律环境。

（四）拓展金融合作空间

加强金融合作，促进货币流通和资金融通，能够为“一带一路”建设创造稳定的融资环境，也有利于引导各类资本参与实体经济发展和价值链创造，推动世界经济健康发展。中国与“一带一路”沿线国家及有关机构开展了多种形式的金融合作，推动金融机构和金融服务网络化布局，创新融资机制支持“一带一路”建设。

1. 加强金融合作机制对接。中国与东盟金融合作日益密切，与俄罗斯、中亚地区金融合作不断深化，与欧盟的金融合作水平持续提升。发挥东盟与中日韩（10+3）金融合作机制、上合组织财长和央行行长会议、上合组织银联体、东亚及太平洋中央银行行长会议组织、中国－东盟银联体以及中亚、黑海及巴尔干地区央行行长会议组织等机制作用，加强金融政策沟通。推进清迈倡议多边化并建立2400亿美元的区域外汇储备，促进地区金融形势稳定。中国于2016年1月正式加入欧洲复兴开发银行，通过高层交往、联合融资、贸易投资合作和政策沟通等方式，不断加深交流合作。

2. 打造新型合作平台和创新融资机制。2015年12月25日，中国倡议的亚洲基础设施投资银行（以下简称亚投行）正式成立，法定资本1000亿美元，重点支持地区互联互通和产业发展。截至2016年年底，亚投行已为9个项目提供了17亿美元贷款，涉及印度尼西亚、塔吉克斯坦、巴基斯坦、孟加拉国等国的能源、交通和城市发展等急需项目。中国出资400亿美元设立丝路基金，首期注册资本金100亿美元，通过以股权为主的多种方式为共建“一带一路”提供资金支持。截至2016年年底，丝路基金已签约15个项目，承诺投资额累计约60亿美元，项目覆盖俄罗斯、蒙古国以及中亚、南亚、东南亚等地区，涵盖基础设施、资源利用、产能合作、金融合作等领域。丝路基金还出资20亿美元设立了中哈产能合作基金。中国提出中国－中东欧协同投融资框架，包括100亿美元专项贷款、中东欧投资合作基金在内的多种融资机制共同发挥作用，为中东欧地区提供融资支持。中国工商银行牵头成立了中国－中东欧金融控股有限公司并设立中国－中东欧基金。

3．深化金融机构及金融市场合作。中国政府鼓励开发性、政策性金融机构积极参与“一带一路”金融合作。共建“一带一路”倡议提出以来，国家开发银行在“一带一路”沿线国家签约项目100余个，金额超过400亿美元，发放贷款超过300亿美元；中国进出口银行在“一带一路”沿线国家签约项目1100余个，金额超过1000亿美元，发放贷款超过800亿美元；中国出口信用保险公司承保“一带一路”沿线国家出口和投资超过3200亿美元。截至2016年年底，共有9家中资银行在“一带一路”沿线26个国家设立了62家一级分支机构，“一带一路”沿线20个国家的54家银行在华设立了6家子行、20家分行和40家代表处。2017年1月，中国金融期货交易所等与巴方伙伴合作收购巴基斯坦证券交易所30%的股权。上海黄金交易所和迪拜黄金与商品交易所签署协议，在国际 金融市场首次应用“上海金”。

4．扩大本币互换与跨境结算。中国与“一带一路”沿线22个国家和地区签署了本币互换协议，总额达9822亿元人民币。与越南、蒙古国、老挝、吉尔吉斯斯坦签订了边贸本币结算协定，与俄罗斯、哈萨克斯坦、白俄罗斯、尼泊尔签署了一般贸易和投资本币结算协定。人民币业务清算行已有23家，其中，6家在“一带一路”沿线。通过中国银行间外汇市场开展人民币对21种非美元货币的直接交易。建立人民币跨境支付系统（CIPS），为境内外金融机构从事人民币业务提供服务。

5．加强金融监管合作。中国推动签署监管合作谅解备忘录，在区域内建立高效监管协调机制，完善金融危机管理和处置框架，提高共同应对金融风险的能力。截至2016年年底，中国人民银行已与42个境外反洗钱机构签署合作谅解备忘录，中国银监会与29个“一带一路”沿线国家金融监管当局签署了双边监管合作谅解备忘录或合作换文，中国保监会与“一带一路”沿线国家商签监管合作谅解备忘录并成立亚洲保险监督官论坛（AFIR）。

（五）加强生态环保合作

中国致力于建设“绿色丝绸之路”，用绿色发展理念指导“一带一路”合作，分享中国在生态文明建设、环境保护、污染防治、生态修复、循环经济等领域的最新理念、技术和实践，积极履行应对气候变化等国际责任。

1．建设合作平台。中国努力打造以“绿色丝绸之路”为主题的合作平台，举办中国

—阿拉伯国家环境合作论坛、中国—东盟环境合作论坛等活动，设立中国—东盟环境保护合作中心。签署《中国环境保护部与联合国环境署关于建设绿色“一带一路”的谅解备忘录》。建立“一带一路”环境技术交流与转移中心等机构，推动环保领域先进技术的国际交流与应用。

2. 推进水利合作。中国政府积极推进与周边国家在跨界河流保护与开发利用方面的政策沟通、技术分享和工程技术合作。开展跨界河流水资源保护与利用联合研究，共同做好跨界河流水资源的保护工作。推动跨界河流汛期水文数据共享，建立中俄防汛防洪合作机制，积极推动中哈霍尔果斯河友谊联合引水枢纽工程建设和流域冰湖泥石流防护合作。中国提供融资的斯里兰卡最大水利枢纽工程—莫拉格哈坎达灌溉项目已完成阶段性建设，除农业灌溉外，还将为几百万人提供清洁饮水。

3. 加强林业和野生物种保护合作。中国与“一带一路”沿线国家签署了 35 项林业合作协议，建立中国—东盟、中国—中东欧林业合作机制，推动林业产业可持续发展和森林资源保护。举办首届大中亚地区林业部长级会议、中国—东盟林业合作论坛、中俄林业投资政策论坛，发布《“一带一路”防治荒漠化共同行动倡议》。在中蒙俄经济走廊建设中大力推广绿色理念，与俄罗斯开展森林资源保护利用、边境防火、候鸟保护合作，与蒙古国开展野生物种保护、防沙治沙合作。中国还与埃及、以色列、伊朗、斯里兰卡、巴基斯坦、尼泊尔、老挝、缅甸等国共同实施荒漠化防治、森林可持续利用、野生动植物保护、生态系统综合治理、湿地保护、林业应对气候变化等多方面合作。

4. 推动绿色投融资。中国政府部门发布《关于推进绿色“一带一路”建设的指导意见》，推动提高对外合作的“绿色化”水平。建立“一带一路”生态环境保护制度，出台绿色产业引导政策和操作指南，为建设“绿色丝绸之路”提供制度保障。中国还积极探索将绿色金融理念应用到“一带一路”建设实践，发布《关于构建绿色金融体系的指导意见》，引导资金投向绿色环保产业。

5. 应对气候变化。中国为全球气候治理积极贡献中国智慧和方案，与各国一道推动达成《巴黎协定》，为协定提早生效做出重要贡献。积极开展气候变化南南合作，向“一带一路”沿线国家提供节能低碳和可再生能源物资，开展太阳能、风能、沼气、水电、清洁炉灶等项目合作，实施提高能效、节能环保等对话交流和应对气候变化培训。

（六）有序推进海上合作

共建 21 世纪海上丝绸之路重点依托海上合作，发展海上贸易、互联互通和海洋经济，打造一批海上合作支点港口，维护海上大通道的安全畅通。同时，中国与“一带一路”沿线国家开展了海洋科技、海洋生态环境保护、海洋防灾减灾、海上执法安全等多领域合作。

1. 互联互通合作。中国坚持公开透明和互利共赢的原则，与有关国家合作建设支点港口，发挥中国的经验优势，帮助东道国发展临港产业和腹地经济。中国企业克服困难，修复和完善瓜达尔港港口生产作业能力，积极推进配套设施建设，大力开展社会公益事业，改善了当地民众生活。中方承建的斯里兰卡汉班托塔港项目进展顺利，建成后将有力地促进斯里兰卡南部地区经济发展和民生就业。中国宁波航交所发布“海上丝绸之路航运指数”，服务21 世纪海上丝绸之路航运经济。

2．海洋经济合作。马来西亚马六甲临海工业园建设加快推进，缅甸皎漂港“港口+园区+城市”综合一体化开发取得进展。中国与荷兰合作开发海上风力发电，与印尼、哈萨克斯坦、伊朗等国的海水淡化合作项目正在推动落实。与有关国家开展海洋油气和渔业捕捞合作，同时充分发挥中国—东盟海上合作基金作用，为部分合作项目提供融资支持。

3．海上执法安全合作。中国与东盟通过《应对海上紧急事态外交高官热线平台指导方针》，提升海上合作互信水平。中国海警局与越南海警司令部、菲律宾海岸警卫队签署合作谅解备忘录，建立海警海上合作联合委员会等安全执法合作机制，与印度、孟加拉国、缅甸等国海警机构加强对话沟通，与巴基斯坦海上安全局开展机制化合作，共同打击违法犯罪行为，为21 世纪海上丝绸之路建设提供安全保障。

4．合作机制建设。中国与泰国、马来西亚、柬埔寨、印度、巴基斯坦等国建立了海洋合作机制，积极推进中泰气候与海洋生态系统联合实验室、中巴联合海洋科学研究中心、中马联合海洋研究中心建设，在海洋与气候变化观测研究、海洋和海岸带环境保护、海洋资源开发利用、典型海洋生态系统保护与恢复、海洋濒危动物保护等多领域开展合作。成立中国—中东欧海运合作秘书处，在华设立国际海事组织海事技术合作中心。建立泛北部湾经济合作机制、中国—东南亚国家海洋合作论坛、东亚海洋合作平台、中国—东盟海事磋商机制、中国—东盟港口发展与合作论坛、中国—东盟海洋科技合作论坛、中国—东盟海洋合作中心、中国—马来西亚港口联盟，筹建澜沧江—湄公河水资源合作中心、执法安全合作中心等次区域合作平台。

（七）深化人文社会及其他领域交流合作

共建“一带一路”离不开各国人民的支持和参与，同时“一带一路”建设也为民众友好交往和商贸、文化、教育、旅游等活动带来了便利和机遇。中国支持开展多层次、多领域的人文交流合作，推动文明互学互鉴和文化融合创新，努力构建不同文明相互理解、各国民众相知相亲的和平发展格局。

1．教育文化合作。中国每年向“一带一路”沿线国家提供1 万个政府奖学金名额，实施《推进共建“一带一路”教育行动》。共建“一带一路”倡议提出以来，中国与“一带一路”沿线国家共同举办“国家文化年”等人文交流活动20 次，签署了43 项文化交流执行计划等政府间合作协议。截至2016 年年底，中国在“一带一路”沿线国家设立了30 个中国文化中心，新建了一批孔子学院。举办“丝绸之路（敦煌）国际文化博览会”

“丝绸之路国际艺术节”“海上丝绸之路国际艺术节”等活动。中国与哈萨克斯坦、吉尔吉斯斯坦联合申报世界文化遗产“丝绸之路：长安—天山廊道的路网”获得成功。实施柬埔寨吴哥古迹茶胶寺、乌兹别克斯坦花剌子模州希瓦古城等援外文化修复项目，向尼泊尔、缅甸提供文化遗产震后修复援助。推动海上丝绸之路申报世界文化遗产，弘扬妈祖海洋文化。

2．科技合作。中国政府与“一带一路”沿线国家签署了46项政府间科技合作协定，涵盖农业、生命科学、信息技术、生态环保、新能源、航天、科技政策与创新管理等领域。设立联合实验室、国际技术转移中心、科技园区等科技创新合作平台。建设中国—东盟海水养殖技术联合研究与推广中心、中国—南亚和中国—阿拉伯国家技术转移中心等一批合作实体，发挥科技对共建“一带一路”的提升和促进作用。强化科技人文交流机制，仅2016年就通过“杰出青年科学家来华工作计划”资助来自印度、巴基斯坦、孟加拉国、缅甸、蒙古、泰国、斯里兰卡、尼泊尔、埃及、叙利亚等国100多名科研人员在华开展科研工作。

3．旅游合作。中国与“一带一路”沿线国家互办“旅游年”，开展各类旅游推广与交流活动，相互扩大旅游合作规模。举办世界旅游发展大会、丝绸之路旅游部长会议、中国—南亚国家旅游部长会议、中俄蒙旅游部长会议、中国—东盟旅游部门高官会等对话合作，初步形成了覆盖多层次、多区域的“一带一路”旅游合作机制。中国连续三年举办“丝绸之路旅游年”，建立丝绸之路（中国）旅游市场推广联盟、海上丝绸之路旅游推广联盟、中俄蒙“茶叶之路”旅游联盟，促进旅游品牌提升。

4．卫生健康合作。中国重视通过共建“一带一路”推动传染病防控、卫生体制和政策、卫生能力建设与人才合作以及传统医药领域合作。发表《中国—中东欧国家卫生合作与发展布拉格宣言》《第二届中国—中东欧国家卫生部长论坛苏州联合公报》《中国—东盟卫生合作与发展南宁宣言》，实施中非公共卫生合作计划、中国—东盟公共卫生人才培养百人计划等41个项目。推动与“一带一路”沿线国家在传统医药领域扩大交流合作，设立中捷（克）中医中心等16个中医药海外中心，与15个国家签署了中医药合作协议。中国政府与世界卫生组织签署《关于“一带一路”卫生领域合作备忘录》，携手打造“健康丝绸之路”。在新疆维吾尔自治区设立丝绸之路经济带医疗服务中心，为中亚等周边国家提供医疗服务。

5．救灾、援助和减贫。中国参与联合国、世界卫生组织等在叙利亚的人道主义行动，长期派遣援外医疗队赴周边国家和非洲开展医疗救助。积极参与国际防灾减灾，派遣国家救援队及医疗队参与尼泊尔地震救援，向马尔代夫、密克罗尼西亚联邦、瓦努阿图、斐济等国提供紧急救灾援助。向受到“厄尔尼诺”影响遭受严重旱灾的非洲国家提供紧急粮食援助。实施湄公河应急补水，帮助沿河国家应对干旱灾害。向泰国、缅甸等国提供防洪技术援助。开展中非减贫惠民合作计划、东亚减贫合作示范等活动，提供减贫脱困、农业、教育、卫生、环保等领域的民生援助。中国社会组织积极参与“一带一路”沿线国家民生改善事业，实施了一系列惠及普通民众的公益项目。

6．便利人员往来。中国与巴基斯坦、俄罗斯、菲律宾、塞尔维亚等“一带一路”沿线 55 个国家缔结了涵盖不同护照种类的互免签证协定，与哈萨克斯坦、捷克、尼泊尔等 15 个国家达成 19 份简化签证手续的协定或安排，阿联酋、伊朗、泰国等 22 个国家单方面给予中国公民免签或办理落地签证入境待遇。

四、“一带一路”旨在构建人类命运共同体

“一带一路”旨在构建人类命运共同体，这是中国为解决当前世界局势提供的一条解决之道、破局之道。

2017 年 1 月 18 日，在联合国日内瓦总部的演讲中，习近平提出了“世界怎么了、我们怎么办”这个富有哲学意味的问题。他指出，当今世界，挑战频发、风险日益增多。经济增长乏力，金融危机阴云不散，发展鸿沟日益突出，“黑天鹅”事件频出，贸易保护主义倾向抬头，“逆全球化”思潮涌动，地区动荡持续，恐怖主义蔓延肆虐。联合国贸发会议和世界银行最新报告显示，2016 年全球外国直接投资下降 13%，贸易增长仅略高于 1%，是 2008 年金融危机以来表现最差的一年。同时，由于现有国际合作的碎片化、排他性，世界难以把资源有效整合起来。正如习近平所说，“和平赤字、发展赤字、治理赤字”的严峻挑战正摆在全人类面前。

“让和平的薪火代代相传，让发展的动力源源不断，让文明的光芒熠熠生辉，是各国人民的期待，也是我们这一代政治家应有的担当。中国方案是：构建人类命运共同体，实现共赢共享。”习近平这样回答。

习近平说：“在‘一带一路’建设国际合作框架内，各方秉持共商、共建、共享原则，携手应对世界经济面临的挑战，开创发展新机遇，谋求发展新动力，拓展发展新空间，实现优势互补、互利共赢，不断朝着人类命运共同体方向迈进。这是我提出这一倡议的初衷，也是希望通过这一倡议实现的最高目标。”

中国提出“一带一路”倡议，旨在与世界分享中国发展带来的广阔机遇，欢迎各国搭乘中国和地区经济增长的快车，共同谱写合作共赢新乐章。

我们共同的未来应该是更加光明的未来，各个国家、各个民族的利益是全人类共同利益的组成部分，全人类的利益则系于“你中有我、我中有你”的命运共同体。人类命运共同体是平等的共同体，应坚持相互尊重、平等相待，建设一个各国平等参与地区和国际事务的世界；人类命运共同体是和平的共同体，应坚持共同、综合、合作、可持续的安全观，建设一个各国彼此尊重核心利益、和平解决分歧的世界；人类命运共同体是繁荣的共同体，应坚持合作共赢、共同繁荣，建设一个开放发展、包容增长的世界；人

类命运共同体是文明的共同体，应坚持不同文明兼容并蓄、交流互鉴，建设一个海纳百川、多彩多姿的世界；人类命运共同体是绿色的共同体，应坚持生态环境保护和资源节约利用，建设一个绿色低碳、永久美丽的世界。

（一）共建“一带一路”为实现人类命运共同体提供了新的助力

1．亚欧大陆是世界经济增长的重要引擎之一，也是共建“一带一路”的主要地区。促进亚欧大陆及附近海洋的高水平互联互通，深化各领域务实合作，将进一步发掘这一地区巨大的发展潜力，增进各国的思想交流与文明的互学互鉴，共同实现多元、自主、平衡和可持续的发展。

2．非洲是共建“一带一路”的关键伙伴。中非之间有着深厚的传统友谊，双多边关系密切。非洲部分地区曾经是海上丝绸之路的重要区域，经济繁荣、社会安定、文化发达。长期以来，中国从非洲各国的根本利益出发，为非洲经济社会发展做出了积极贡献。共建“一带一路”倡议为中非互利合作开辟了更为广阔的空间，并进一步将亚欧大陆和非洲紧紧联系在一起，促进亚欧非携手发展。

3．中国欢迎拉丁美洲和加勒比地区参与“一带一路”建设。拉丁美洲和加勒比地区是重要的新兴市场，也是中国最重要的贸易伙伴之一。中国致力于同拉丁美洲和加勒比有关国家对接发展战略，用共建“一带一路”的理念、原则和合作方式推动各领域务实合作，不断扩大共同利益。

4．大洋洲是“21世纪海上丝绸之路”的南向延伸地区。中国与新西兰签署了两国政府关于加强“一带一路”倡议合作的安排备忘录。作为发展中国家的重要组成部分，共建21世纪海上丝绸之路为太平洋岛国加快自身发展，深化与中国的南南合作创造了新的机遇，岛国对此态度积极，双方合作潜力巨大。

5．第三方合作是共建“一带一路”的重要内容。共建“一带一路”是公开透明的合作倡议。中国愿意与有关发达国家一道，发挥技术、资金、产能、市场等互补优势，按照共商共建共享原则，遵循市场规律，在“一带一路”沿线国家开展第三方合作，促进互利共赢。

（二）将一带一路”建成和平之路、繁荣之路、开放之路、创新之路、文明之路

2017年5月，国家主席习近平在“一带一路”国际合作高峰论坛开幕式上，做了《携手推进“一带一路”建设》的演讲，提出要将“一带一路”建成和平之路、繁荣之路、开放之路、创新之路、文明之路。

第一，将“一带一路”建成和平之路。要构建以合作共赢为核心的新型国际关系，打造对话不对抗、结伴不结盟的伙伴关系。各国应该尊重彼此主权、尊严、领土完整，

尊重彼此发展道路和社会制度，尊重彼此核心利益和重大关切。要树立共同、综合、合作、可持续的安全观，营造共建共享的安全格局。

第二，将“一带一路”建成繁荣之路。推进“一带一路”建设，要聚焦发展这个根本性问题，释放各国发展潜力，实现经济大融合、发展大联动、成果大共享。要深入开展产业合作；要建立稳定、可持续、风险可控的金融保障体系，创新投资和融资模式；要着力推动陆上、海上、天上、网上四位一体的联通，扎实推进六大经济走廊建设，建设全球能源互联网，完善跨区域物流网建设；要促进政策、规则、标准三位一体的联通。

第三，将“一带一路”建成开放之路。要打造开放型合作平台，维护和发展开放型世界经济，共同创造有利于开放发展的环境，推动构建公正、合理、透明的国际经贸投资规则体系。要维护多边贸易体制，推动自由贸易区建设，促进贸易和投资自由化便利化，着力解决发展失衡、治理困境、数字鸿沟、分配差距等问题，建设开放、包容、普惠、平衡、共赢的经济全球化。

第四，将“一带一路”建成创新之路。要坚持创新驱动发展，建设21世纪的数字丝绸之路。要促进科技同产业、科技同金融深度融合，为互联网时代的各国青年打造创业空间、创业工场。要践行绿色发展新理念，共同实现2030年可持续发展目标。

第五，将“一带一路”建成文明之路。要以文明交流超越文明隔阂、文明互鉴超越文明冲突、文明共存超越文明优越，推动各国相互理解、相互尊重、相互信任。要建立多层次人文合作机制，推动教育合作，发挥智库作用，推动文化、体育、卫生务实合作，用好历史文化遗产，密切各领域往来。要加强国际反腐合作，让“一带一路”成为廉洁之路。

习近平最后指出，“一带一路”建设植根于丝绸之路的历史土壤，重点面向亚欧非大陆，同时向所有朋友开放。“一带一路”建设将由大家共同商量，建设成果将由大家共同分享。“一带一路”建设是伟大的事业，需要伟大的实践。让我们一步一个脚印推进实施，一点一滴抓出成果，造福世界，造福人民。

中国不仅是共建“一带一路”的倡议者，更是负责任、有担当的实践者。4年来，“一带一路”建设从无到有、由点及面，取得积极进展，初步形成了共商、共建、共享的合作局面。

当今世界正在发生复杂深刻变化，世界经济在深度调整中缓慢复苏，各国面临的发展问题依然严峻。尤其是20世纪两次世界大战的惨痛教训告诉我们，当今世界比任何时候都需要加强互联互通，各国比任何时候都需要结成更加紧密的命运共同体，共同创造面向未来的发展新格局，共同维护开放型世界经济体系，共同探索新的增长动力来源。

中国欢迎世界各国和国际、地区组织积极参与共建“一带一路”合作，也愿与各国共同丰富“一带一路”建设的理念和实践，携手打造绿色丝绸之路、健康丝绸之路、智力丝绸之路、和平丝绸之路，建设更具活力、更加开放、更兼稳定、更可持续、更多包容的全球化经济。

思考题

1. 什么是“六廊六路多国多港”的合作框架？

2. “一带一路”中共建有哪些经济走廊？

3. “一带一路”中合作领域有哪些？

4. 如何理解“一带一路”，要建成和平之路、繁荣之路、开放之路、创新之路、文明之路？

延伸阅读

1. 习近平:《携手推进“一带一路”建设——在“一带一路”国际合作高峰论坛开幕式上的演讲》，2017-05-14

2. 张继业:《构建人类命运共同体理念载入安理会决议是中国外交的重大贡献》，新华社，2017-03-23

3. 陈须隆:《“人类命运共同体”必然赢得认可》，人民网－人民日报海外版，2017-07-09

4. “一带一路”高峰论坛成果清单: 76大项、270多项具体成果，新华社，2017-05-16

5. 丝路问答:“一带一路”对咱老百姓有啥好处？中国一带一路网，2017-05-13

6. 成都市融入“一带一路”国家战略　推动企业“走出去”五年行动计划，成都市人民政府网，2016-10-19

第六讲　供给侧结构性改革的共识与着力点

教学目的

通过本章学习使大学生了解供给侧结构性改革的经济背景和意义，掌握供给侧结果性改革的着力点。通过学习本章，促使大学生认真学习，结合自身优势，积极投身社会实践，积极践行社会主义核心价值观，为实现中国特色社会主义而贡献智慧和力量。

教学重点和难点

1. 供给侧结构性改革的核心内容
2. 推进供给侧结构性改革的重点
3. 供给侧结构性改革的意义

主要内容

1. 供给侧结构性改革概述
2. 供给侧结构性改革的共识：五大政策
3. 供给侧结构性改革的着力点：五大任务

2015 年 11 月 10 日上午，习近平总书记主持召开中央领导小组第十一次会议，研究经济结构性改革和城市工作，并首次提出“供给侧机构性改革”，指出，“在适度扩大总需求的同时，着力加强供给侧结构性改革，着力提高供给体系质量和效率，增强经济持续增长动力”。2016 年是我国全面建成小康社会决胜阶段的开局之年，也是推进供给侧结构性改革的攻坚之年，在以习近平同志为核心的党中央坚强领导下，我们积极适应和引领经济发展新常态，坚持全面深化改革，坚持创新驱动发展，加快经济发展方式转变和经济结构调整，经济运行保持在合理区间，实现了“十三五”时期良好开局。2017 年是实现我国经济转型升级的关键一年，也是实施“十三五”规划的重要一年，我国将继续发力推进供给侧改革，以实现我国经济可持续的健康的发展。

一、供给侧结构性改革概述

改革开放 30 多年来，中国经济持续高速增长，成功步入中等收入国家行列，已成为名副其实的经济大国。但随着人口红利衰减、“中等收入陷阱”风险累积、国际经济格局深刻调整等一系列内因与外因的作用，经济发展正进入“新常态”。2015 年以来，中国经济的结构性分化正趋于明显。为适应这种变化，在正视传统的需求管理还有一定优化提升空间的同时，迫切需要改善供给侧环境、优化供给侧机制，通过改革制度供给，大力激发微观经济主体活力，增强我国经济长期稳定发展的新动力。

（一）供给侧结构性改革提出的背景

1．经济增长速度变缓，经济下行压力大

中国宏观调控和经济决策是要结合中国基本国情和发展阶段，解决经济运行中的突出问题。经过改革开放 30 多年的飞速发展，中国不仅成为世界第二大经济体，而且进入了中等偏上收入国家行列。然而，新的问题随之而来，我国经济运行中存在的一些突出矛盾和问题。尽管我国经济运行总体平稳，稳中有进、稳中有好，但是，我国经济运行尚存在一些突出的矛盾和问题。特别是目前世界经济贸易复苏乏力，国内经济处在三期叠加这么一个特殊阶段，经济下行压力依然是较大的。投资和出口增速在持续下滑。2015 年我国前 11 个月进出口总值同比下降 7.8%，2014 年我国进出口首次突破 4 万亿美元，2015 年我国进出口可能要滑到 4 万亿美元以下。2015 年 1～11 月，我国民间固定资产投资增长只有 10.2%。结构性过剩和有效供给不足并存。很多行业企业经营困难加大。财政收支矛盾突出。2015 年前 11 个月，从中央财政来说，收入增长 5.7%，支出增长 17%，收支矛盾越来越凸显。金融风险的隐患在增大，经济增速下降，企业效益下滑，不良贷款率在上升。

链接一　　三 期 叠 加

一是经济增长速度换档期，我国经济处于从高速换挡到中高速的发展时期，是由经济发展的客观规律所决定的。二是结构调整阵痛期，要求经济发展要化解落后产能并全力创新，是加快经济发展方式转变的主动选择。三是前期刺激政策消化期，主要表现为前期刺激政策带来最大的后遗症不是产能过剩，而是债务肿瘤从良性成长为恶性，是化解多年来积累的深层次矛盾的必经阶段。

——摘自《百度百科》

2．经济面临产能过剩、楼市库存、债务高企三大困难

改革开放 30 多年来，我国的经济飞速发展，老百姓生活也有很大提高，但是随着经

济的发展，一些行业产能过剩，比如钢铁、煤炭水泥、电解铝等，这些行业产品价格大幅下滑，利润大幅下降，企业亏损增多，产品库存增加。

2016 年 1 月 20 国家统计局发布的 2015 年商品房待售面积首次突破“7 亿”大关，达到 7.18 亿平方米。在此基础上再加上 71 亿平方米的已批未建库存，56.1 亿平方米的在建未售库存，目前我国楼市“三大块”待消化库存合计规模超 140 亿平方米。2013 年历史最高销售纪录为 13 亿平方米。按照这个计算，库存的房屋要 10 年以上才能消化，而且要以不新增土地供应，销售保持旺盛为条件才能实现。

2013 年我国企业债务余额 68.06 万亿元，占 2013 年 GDP 的比重约为 120%，较 2010 年上升了近 20 个百分点，债务风险进一步加剧，并呈现出以下几个特点：首先是债务增速趋缓，但仍处于高位。2013 年企业债务增速为 16.49%，较 2012 年下降 4 个百分点，但依然高位运行。其次是贷款占比持续下降，但仍占据主导地位。信贷融资规模在企业债务中的占比逐年降低，从 2010 年的 73.77%降至 2013 年的 66.83%，但仍超过 2/3，依然是企业融资主渠道。银行业金融机构受企业债务高企影响最大。最后是“影子银行”融资虽占比较低，但增速最快，风险集中。“影子银行”融资在企业债务中的比重从 2010 年的 19.49%快速增至 2013 年的 25.79%，增速快于信贷 18.6 个百分点，且信息不透明、监管不规范、风险最集中。

3．中国公民海外购物情况来看

商务部的数据显示：2015 年中国游客境外消费约 1.5 万亿元，过半用于购物，人均花费 11 205 元，同比增长 21%。2015 年中国消费者全球奢侈品消费达到 1168 亿美元，其中，910 亿美元在国外发生，占到总额的 78%。也就是说，中国人近八成的奢侈品消费是“海外淘货”的。海外淘货主要有服装、香水、箱包、化妆品和皮鞋，还有电饭煲、奶粉、马桶盖、药品等。我国服务贸易从 1995～2015 年已连续 21 年逆差（如旅游）。

4．近几年我国刺激经济增长的手段来看

一是货币手段，2015 年以来，先后五次下调贷款及存款基准利率，其中，一年期贷款及存款基准利率分别累计下调至 4.35%和 1.5%；先后九次引导公开市场逆回购；银行存款准备金率从 2011 年 6 月的 21.5%逐年下调，至目前的 16.5%。二是财政赤字，2014 年，我国的财政赤字是 1.35 万亿元，赤字率 2.1%；2015 年达 1.62 万亿元，赤字率 2.3%；2016 年，预计赤字率 3%，达警戒线。三是加大基础设施投资。2015 年，基础设施投资增长 17.2%（对整体投资增长的贡献率为 29.2%），2016 年增速预计有所回落。

从以上可以看出，传统的、常用的增加投资、刺激消费的促使经济增长的路径呈现疲态不是很有效，特别是在经济的长期可持续发展上。单纯依靠投资、消费、出口拉动经济增长，累积了不少经济结构的突出矛盾，如产能过剩是供给与需求的矛盾，楼市库存是虚拟经济与实体经济的矛盾。速度下行是表面，背后的根子是经济结构的扭曲。供需错位、供给及其结构不能有效满足需求的变化与升级是经济结构扭曲最突出的问题。所以，必须从供给侧及其结构思考并提出改革的新方向、新战略、新路径，形成经济增长的新动力。

链接二　八句话：读懂中国“供给侧结构性改革”

1. 供给侧出了问题

中国是制造业大国，但国人出国旅游却狂买马桶盖、净化器、奶粉……国内生产的粗钢每斤价格与“白菜”相差无几，产能过剩成了重大包袱，但精钢特钢却需大量进口。

2. “供给侧+结构性+改革”

用改革的办法推进结构调整，减少无效和低端供给，扩大有效和中高端供给，增强供给结构对需求变化的适应性和灵活性，提高全要素生产率，使供给体系更好适应需求结构变化。

3. 改革主战场

供给侧包含劳动力、土地、资本、技术等要素，供给侧改革就是从这些战场发力，让资源从产能过剩产业流动到有高需求的新兴产业去。

4. 反思“三驾马车”

近年来投资回报率越来越低，各界都在反思已使用多年的“三驾马车”思路。要解决中国经济所存在的中长期问题，传统的凯恩斯主义刺激药方有局限性，根本之道在于推进结构改革。

5. 改革五大任务

“去产能、去库存、去杠杆、降成本、补短板”，这 15 个字构成当前供给侧改革重点任务，其中，包括处置僵尸企业、化解房地产库存、防控金融风险、降低企业成本和补充供给短板等具体方面。

6. 培育新动能

加强供给侧结构性改革是为了增强持续增长动力。当传统动能由强变弱时，需要新动能异军突起和传统动能转型，形成新的“双引擎”，才能推动经济持续增长。

7. 绝非新计划经济

中国要进行的供给侧结构性改革绝不是要回到计划经济，其核心反而是放松管制，释放活力，让市场发挥更大作用，矫正以前过多依靠行政配置资源带来的要素扭曲。

8. 与供给学派大不同

西方经济学中的“供给学派”，兴起的背景是20世纪70年代美英等国深陷高通胀、低增长的“滞胀”泥潭。反观当下的中国，并没有通货膨胀，经济增长有所放缓但远非停滞。供给学派给出的“药方”是私有化、减税、紧缩货币等，中国的供给侧改革是全面改革。

——摘自《新华网》

（二）供给侧结构性改革的内涵与意义

2016年是“十三五”的开局之年，同时也是推进结构性改革的攻坚之年，其中，一个最突出的问题、最新的亮点就是着力加强结构性改革，适度扩大总需求的同时，去产能、去库存、去杠杆、降成本、补短板，提高供给体系质量和效益。

1. “供给侧”结构性改革的内涵

供给侧改革是相对需求侧管理而言的，主要侧重提升经济增长的质量和效率，增强企业长期创新活力，注重经济长期、持续的发展。纵观经济思想史，作为供给学派的典型实践，“里根经济学”（Reaganomics）和“撒切尔主义”（Thatcherism）分别采用减税和国企改革等措施，帮助美英两国在20世纪80年代摆脱滞胀，走出衰退。过去20多年来，“投资、消费、出口”作为拉动经济增长的“三驾马车”为人们耳熟能详。“三驾马车”指的主要是需求侧，与其相对的是供给侧，就是生产要素的供给和有效利用。需求侧的“三驾马车”决定短期内的经济增长率，而供给侧则有劳动力、土地、资本、创新四大要素，这四大要素在充分配置条件下所实现的增长率即中长期的潜在经济增长率。结构性改革就是要调整经济结构，实现要素优化配置，提升经济增长的质量和效益。

所谓供给侧改革就是从供给、生产端入手，通过降低企业税负、减少生产领域的交易成本、促进投资者更有效地进入各生产领域等改革措施，最大限度地释放生产力，提升企业竞争力，促使资源转向新兴领域、创新领域，创造新的经济增长点，最终实现经济结构的转型和可持续发展。供给侧改革既包括劳动力、资金、土地、资源等生产要素的高效投入，也包括技术进步、人力资本提升、知识增长等领域的要素升级，还包括企业、创业者、创新型园区、科研院所、创新型政府管理等创新。同时，通过减税、简政放权、扩大市场准入等措施，激发各个主体的积极性和创造性，改善经营环境。最后，通过淘汰落后产能，培育具有竞争优势的新产品、新服务。

2．供给侧结构性改革的意义

推进供给侧结构性改革是以习近平同志为总书记的党中央深刻把握我国经济发展大势做出的战略部署，是“十三五”时期的发展主线，是适应和引领经济发展新常态的重大创新，是适应后国际金融危机时期综合国力竞争新形势的主动选择。深化对供给侧结构性改革的认识和理解，对于推进“十三五”时期经济社会发展具有重大意义

（1）为什么要推进供给侧结构性改革

首先，从经济学历史来讲，供给侧改革和供给侧政策并不是一个全新的内容。1930年大危机之前，西方国家经济的主要理论是自由竞争理论，当时是亚当·斯密理论主导的，政府不干预经济。萨伊定律提出了供给创造需求。认为市场是自由竞争自动实现均衡，不可能出现失业，不可能出现资源配置的无效率。但是，1929 年席卷西方国家的大萧条，失业率高达 25%以上，四分之一的人失业，大量的生产过剩。一方面，大量生产出来的商品卖不出去；另一方面，大量的失业。资本主义基本上到了崩溃边缘。由此，产生了经济学上的凯恩斯主义革命。凯恩斯提出，资本主义不能够实现自动、充分就业均衡，主要是由于消费需求不足、投资需求不足，有效需求是不足的。一方面，人们有了钱以后，有一部分钱总是要用于储蓄，收入越高，消费越少，因此，这一大块需求就不足了；另一方面，资本边际效应是递减的，投资越多，效率越下降。所以说，总需求总是不足的。因此，政府必须积极地扩大财政政策和扩大货币政策，以弥补有效需求不足，促进充分就业。这是短期的宏观经济管理。从经济学理论来讲，凯恩斯理论和以往建立在个人自由行为为基础的企业利润最大化、个人效用最大化基础上的传统微观经济理论之间有本质的不同。由于凯恩斯理论的出现，20 世纪 50～60 年代西方国家靠扩大需求、扩张性财政政策、货币政策，实现了工业化国家黄金发展的 10 多年。可是到了 20 世纪 60 年代，随着需求侧的管理不断刺激，结果导致物价成本上升，通胀压力上涨，加上 20 世纪 70 年代初中东危机、石油禁运，到了 20 世纪 70 年代末、80 年代初，以英美为首的工业化进入了滞胀。面对滞涨的两难窘境，20 世纪 80 年代里根开始采用供给学派的理论。就是降税，降低税率虽然对税收有影响，但是由于企业税负下降了，其积极性增加，所以税基就增加了，最后税收总量还是在上升。与降税配合，还有结构性改革，即是减少政府对经济的干预。通过这种供给方面的改革，使得美国最终走出了滞胀的泥潭，为克林顿时期信息革命到来以后新的经济繁荣奠定了很好的基础。

其次，从我们国家来讲，提供给侧结构性改革不仅仅是借鉴西方的一些理论，很重要的一点，我国在经济运行中最主要的矛盾是供给和需求的不匹配、不协调和不平衡，而且矛盾的主要方面是在供给侧，主要表现为供给不能适应需求的重大变化而做出及时调整。这里面有两个大变化：一方面，随着外部需求的收缩和国内传统消费、需求的饱和，大量传统产业出现了严重的产能过剩，存量供给远远超过市场需求。新常态下，世

界经济在深度调整期，外需很难有大的变化，我国劳动力成本也上去了，外面没有这么大的需求了。我国国内到了中高收入阶段，需求个性化、多样化也很多，很多产能生产方式还是按照过去大规模的需求设置肯定不行。另外一方面，随着居民生活水平提高，各类消费对需求的性价比、安全质量要求很高，消费趋势也愈发向个性化、高端化、服务化方向发展。从实际来看，我们的有效供给是跟不上的，如果能够跟上，就不会有这么多人到日本买马桶盖、电饭锅、滴眼液、保温壶等诸如此类的东西了。因此，如果要稳增长，光是扩大需求是没有用的，恐怕还是要实施供给侧改革，供给要适应这个需求，这是一个很重要的方面。

（2）供给侧的结构性改革绝不仅仅是满足供给体系的质量，而是要让企业能够更加灵活地满足市场需求，给企业松绑，创造更好的环境。因此，供给侧改革的最终目的要使得供给体系更加有弹性，更加能够灵活地适应需求结构的调整和变化。推进供给侧改革不可能仅仅就供给侧谈供给侧，也不是说需求方面不重视，它还是一个结构性改革的含义。就是说，体制机制不变、规制不变的话，企业和个人的行为很难调整，那么，产业结构也就很难变化。换言之，就是要通过体制、机制的改革来实现经济结构的转型升级；要通过体制、机制的改革来重塑经济增长的动力，转变经济发展的思路和方式，引导经济主体的行为朝着优化结构方面转变。

（3）供给侧的结构性改革强调从供给角度实施结构优化，增加有效供给的中长期视野的宏观调控。我们可以用更广泛、更开阔的视野来理解供给侧的结构性改革。一方面强调从供给侧着力；另一方面是宏观调控方向的变化，就是说宏观调控的视野怎样促进有效供给的形成和持续。今后一个时期，一方面还要适度扩大总需求，同时加强供给侧的结构性改革，实施相互配合的五大政策支柱。

二、供给侧结构性改革的共识：五大政策

我国经济运行面临的突出矛盾和问题，根源是重大结构性失衡，必须从供给侧、结构性改革上想办法。深化供给侧结构性改革要从政府、市场、企业、社会和区域五个层面协同发力，也就是说推进供给侧结构性改革要实施相互配合的五大政策支柱。

（一）宏观政策要稳

就是要为结构性改革营造一个稳定的宏观经济环境。宏观政策最主要的是财政政策和货币政策，基调是不变的，仍然是积极的财政政策和稳健的货币政策，但是，重点和力度都有所调整。

其一，积极的财政政策。2015 年的赤字率是 2.3%，2016 年强调实行减税政策，阶段性提高财政赤字率。可能 2017 年还会进一步提高，甚至突破欧盟设定的 3%这样一个所谓安全线。经济新常态下，从工业推动转向服务业，从出口投资转向消费，需要一个长

期的结构转换过程，并且在这个结构转换过程中，要忍受经济增速的下滑。再有，我国民生保障越来越多，并且刚性支出越来越大。由此，如果未来经济增速在一个中高速轴心偏下的情况，那么财政赤字的压力一定是很大的。而要弥补财政支出的不足，就必须通过发债的方式提高赤字率，以保障政府承担其应该承担的支出责任。

其二，稳健的货币政策。这些年来，我国企业融资难、融资贵的问题一直存在，可是融资成本一直下不来，足见我们的货币传导机制有问题。未来央行宏观调控更多是要从数量向价格型转变，逐步培育利率市场，稳定短期利率。央行更多地要通过影响这种基准利率来影响企业的融资成本。另外，2015 年以来，人民币汇率中间价的形成处在一个波动，8 月份的时候，甚至美联储被迫推迟加息节奏。国际货币基金组织 IMF 同意 2016 年人民币加入特别提款权 SDR，具体是到 2016 年 10 月份加入。人民币今后不是盯着美元了，要更多地看实际的有效汇率，按照汇率指数，企业进行参考以考虑汇率波动。货币政策要稳健，但是要更加灵活适度，不能像过去那样仅靠量来增加流动性，结果钱老在金融体系打转转，各种各样地追逐理财产品，企业实体经济很难。

（二）产业政策要准

就是要准确定位结构性改革方向。2015 年中央经济工作会议讲产业政策，并不是像过去那样讲政府准备发展战略新兴产业，给予研发补贴，给予光伏发电挂钩补贴等，而是讲方向，引导预期，至于具体怎么做，要靠企业在市场中间去发现。2014 年习总书记曾经讲到，新产业、新技术产业不是由发改委的官员或者哪个部门的官员、专家在办公室里规划出来的，而是通过市场形成的。具体来讲，今后一段时期我国产业政策的发展方向。

一是创新驱动。就是要推动产学研和科技创新成果的转化，强化对创新的激励和成果的应用，完善创新环境、培育新动力。创新是作为全党工作全局的核心问题的。

二是激活存量。就是要推动技改，推动传统产业优化升级，盘活存量资产，修复现有产业和企业增长动力，稳定经济增长。钢材、水泥等一系列重化工产业都面临着增速下滑、行业亏损的问题。对于传统行业就要通过盘活其现有的存量资产，该淘汰的淘汰，该兼并的兼并，该出局的出局，从而使得优质企业得以发展，提升产业层次，进而稳定经济增长，顶住下行压力，同时使技术水平进一步提升。

三是补齐短板。就是要逐步缩小城乡区域发展差距，扩大有效供给和激活有效需求，提升产业层次、提高发展的整体性。要进一步加快农民工市民化步伐，农民工转成市民后，其需求也相应增多。另外，还要把公共服务扩展到常住人口，增加新的供给，激发被纳入到基本公共服务覆盖下的常住人口的消费潜力。

四是绿色发展。包括加快形成绿色的生产方式和消费方式。这不仅有利于节能减排，有利于应对气候变化，同时也能够形成很多新的产业，创造新的需求，培育新的增长点。

节能环保、绿色领域行业是今后非常有前途的发展行业，是新的投资热点，也是国际上争夺的新兴产业竞争的制高点。

五是发展实体经济。各项政策特别是金融政策必须以发展实体经济为出发点和落脚点，不断提升中国制造竞争力，建设制造业强国。

（三）微观政策要活

就是要完善市场环境，激发企业活力和消费者潜力。其一，企业办事难的问题没有很好解决，企业的合法权益得不到保障，由此影响了企业的投资积极性。所以，在制度上、政策上，我们要营造宽松的市场经营和投资环境，鼓励和支持各种所有制企业创新发展，保护各种所有制企业产权和合法权益。其二，在经济下行的情况下，企业投资信心不足，每个行业好像都过剩。因此要提高企业投资信心，改善企业市场预期。其三，营造商品自由流动、平等交换的市场环境，破除市场壁垒和地方保护。要考虑在国际贸易方面推动贸易自由化，国内建立统一市场。希望"京津冀一体化"实施以后，三地之间的市场能够真正流动起来，其实做起来也还是很难的。其四，提高有效供给能力。通过创新供给，提高供给质量，扩大消费需求，满足多样化的消费需求。

（四）改革政策要实

就是要加大力度推动改革落地。波澜壮阔的中国改革已走过了30多年风雨历程，前所未有的思想解放和制度变迁释放了巨大的改革红利，深刻地改变了中国，也深刻地影响着世界。当前，中国经济发展进入新常态，一方面，国内外的经济社会环境更趋复杂，从各种数据和各地反映的情况来看，经济下行压力仍然较大，"形有波动"，国内外有一些议论和担心，西方一些媒体和机构甚至渲染和放大。另一方面，我国经济上了一个大台阶，经济韧性好、潜力足、回旋空间大，"势仍看好"也是不争的事实，国际社会多数人也是认可的。适应和引领经济新常态需要保持和增强战略定力，按照"四个全面"战略布局，深入贯彻习近平总书记关于全面深化改革的重要论述，加快落实党的十八届三中全会关于全面深化改革的整体部署，敢于啃硬骨头、涉险滩，以前所未有的决心和力度培育一大批改革的促进派，坚定不移地推进改革，最大限度地释放改革的新红利。

（五）社会政策要托底

就是要守住民生保障底线。推进供给侧结构性改革总体思路，必须实施相互配合的五大政策支柱，社会政策要托底是其中之一。供给侧结构性改革，特别是化解过剩产能等，必然会影响部分群体的就业和收入，但这是必须要过的槛，必须要经历的阵痛。所以要更好地发挥社会政策稳定器的作用，守住民生底线。特别是要把重点放在兜底上，要保障好人民群众的基本生活和基本公共服务，为结构性改革创造好稳定良好的社会环境。从更广泛的意义讲，守住民生底线，不断改善民生是全面建成小康社会的应有之义，是社会主义的本质要求，更是我们党的根本宗旨所在。

三、供给侧结构性改革的着力点：五大任务及工作重点

着力加强供给侧结构性改革，关键是如何进行其改革，供给侧存在的问题很多，涉及面宽且复杂。基于对中国经济新常态与供给侧问题的综合研判，中央在去年年底的经济工作会议上，明确将去产能、去库存、去杠杆、降成本、补短板作为今年和今后一个时期的五大经济任务。今年 5 月的中央财经领导小组第十三次会议，习近平强调：推进供给侧结构性改革，重点是推进“三去一降一补”，各地区各部门要把思想和行动统一到党中央决策部署上来，不能因为包袱重而等待、困难多而不作为、有风险而躲避、有阵痛而不前，要树立必胜信念，坚定不移把这项工作向前推进。

（一）供给侧结构性改革共五大任务

去产能、去库存、去杠杆、降成本、补短板，即：“三去、一降、一补”。

1．去产能。目前我国产能过剩问题十分突出，生产、流通、分配、消费的过程已经整体循环不上，严重阻碍了资源优化配置。中央经济工作会议把化解产能过剩列为 2016 年五大任务的首位，应该说是抓住了经济结构矛盾的关键点。化解过剩产能总体上是要按照企业主体、政府推动、市场引导、依法处置的办法，研究制定全面配套的政策体系，依法为实施市场化破产程序创造条件，加快破产清算案件的审理。

现在大量存有僵尸企业，就是本来产品卖不出去，资不抵债，没有什么效益可言，可是基于种种原因，却还靠政府的一些补贴或是靠续贷勉强维持着。僵尸企业的存在是对新常态认识不充分的一个实例，就是以为熬两年就过去了，实际上拖不过去，越拖问题越大。所以，这次中央经济工作会议提出要加快破产清算案件的审理，当然，也要兼顾社会问题，原则是最大限度地保护职工利益，本着多兼并重组，少破产清算的方式，恐怕今后适当的行政主导还是要有的，以行业里面的一些优质企业带一些差的企业，通过兼并重组方式来整合、盘活资产，当然肯定一部分还是要清算掉的。这次中央讲得很清楚，要实现市场出清，供给侧改革主要任务就是要清理僵尸企业。当然，在这个过程中还要严格控制增量，不能一边清理、一边又增加新的投资、新的企业，导致新的产能过剩。

2．降成本。企业是市场经济的主体，增强企业的发展活力是整个经济结构调整的基础，而降成本是增强企业发展活力的重要举措。据世界银行 2015 年的营商环境报告，我国排在第 84 位，虽然比前两年有所提升，但是仍然是比较低的，还要进一步转变政府职能，简政放权，降低企业制度性交易成本。

企业成本表现在很多方面。一要降低制度性成本。比如审批，现在政府审批少了，可是有些还是要委托给中介机构，政府下面管的这些事业单位要给你出这个报告，出那个报告，并且都是要收费的，用的时间还是很长。

二要降低企业的税费负担，清理各种不合理收费，营造公平的税负环境。营改增以后，中央、地方分成的情况会有变化，短期看制造业税负还是比较高。另外，研究精简归并“五险一金”。企业养老加上医疗，基本上五险一金占总工资40%以上。

三要降低企业的财务成本。恐怕银行部门要让利了，主要是通过利率市场化。现在我们的基准利率失效了，银行给企业贷款不仅利率偏高，而且各种各样的收费也比较多，融资成本比较高。这么多年，成本降不下来，原因很多，跟货币政策框架有关系，包括银行的监管方式和考核方式。为什么目前我国理财产品卖那么多？因为管控了存款利率，存款人收益很低，银行吸收不到存款，实际上是通过理财产品的方式把资金吸引过来，也就是市场化，影子银行的发展也是这种情况。所以说，市场化的力量挡不住。因此，更重要的是考虑，央行怎么样构建一套新的调控方式，建立一个市场的基准利率，把基准利率调下去。市场利率下来，企业才能享受到降低融资成本。那么，这种情况下，银行业金融部门的利益就要向实体部门适当地让度一部分，其中涉及很多改革。

四要推进电价市场。现在电厂这块效益也不好，不过电网还可以，电网是垄断性的，对于这块，国务院也在推进，涉及很多改革的问题。企业电价现在差距很大。对于高耗能、高排放和产能过剩行业，电价就比较高，有的一度电 0.84 元。中西部一些地方电价低到一度电 0.4 元，0.3 元的都有。

此外有物流成本，不光是高速路收费问题，还包括燃油税。现在燃油税的征收占到40%，还包括流通体制的问题。所以说，降企业成本也是一个组合拳。

3. 去库存。去库存主要指去房地产的库存，这是当前稳定房地产市场最紧迫的任务。2009 年，在应对金融危机的时候，政策一出来，房价很快翻了一倍。一方面，地产商天价拿地，房价节节攀升；另一方面，群众买不起房，望房兴叹。这些直接导致房地产市场库存高起，极大地抑制了国内的消费需求。

现在房地产价格北、上、广很难降下来。十八届五中全会提出“十三五”期间要推进以人为核心的新城镇化，显著提高户籍人口的城镇化率。大量农民工要进城，每年要解决“三个 1 亿人”的问题。通过加快农民工市民化的方式，租、买结合，既有利于城镇化的发展，又能够消化一部分房地产市场库存。

过去一段时间，调房价老是靠行政的手段、行政的方式，在交易环节设置了很多障碍，高税、高费，客观上使房子的流转率很差，买房子的人更不方便了，也买不起了。另外，房价、房租这么高，所有服务行业的成本全上去了，进而使企业成本就更高了。这样下去，终有一天，很多企业、公司不再在首都待着了，不用疏解，自己就走了。如何化解房地产库存？就要与推进新型城镇化、农民工市民化挂起钩来，不过难度也是比较大的。

4. 补短板。补短板是扩大市场有效供给的主要办法。因此要在压缩落后产能的同时，把靶心对准新常态下经济新的突出矛盾，在社会和生产领域推进一系列改革，补齐短板，创造新的供给、满足新的需求，这不仅仅是说一般的产品，也包括基本公共服务、基础设施等。中央特别提到，补短板要通过打好脱贫攻坚战，支持企业技术改造和设备更新，培育发展新产业，补齐软硬设施，基础设施短板，加大投资于人的力度，继续抓好农业生产等方面来提高供给质量和效率，带动需求发展，形成新的经济增长点。

5. 去杠杆。这主要是为了防范化解金融风险。经济金融从来是一个问题的两个方面，经济下行，企业效益下降，贷款还不上去，肯定会引发金融风险。金融有了风险，出了问题，自顾不暇了，哪还有钱给实体经济贷款。没有了贷款、没有了融资，实体经济自然就衰退了。金融风险上升可能还是方方面面的，既有地方政府，也有企业债务问题，也就是经济下行以后带来的不良贷款上升问题。所以，下一步还要逐步释放风险，要剔除掉坏企业、“僵尸企业”，一些债务要消掉。一些信托、理财的投资以及发的地方债，还有一些城投债、企业债，实在不好的企业，该违约的还得违约，投资人要承担相应责任，不能压到最后突然爆发，要守住不发生系统性金融风险的底线。

2015 年财政部向地方下达置换债券额度 3.2 万亿元，置换的方式是每年减少地方政府还本付息 2000 亿元。由此把原来融资平台的贷款改成了债券，利率由原来的 8%、9%、10%、12%之高，降到 3.5%。当然亏的是银行部门。就是说，金融部门前些年吃进的很多利益是要吐出来。

（二）供给侧机构性改革方面的工作重点

完成结构性改革必须依靠全面深化改革，2016 年在供给侧改革方面，非常明确地讲了五个工作重点。2016 年还要进一步加大重点领域和关键环节的改革力度，推出一些有牵引作用的改革举措，主要有以下三点。

1. 国有企业改革问题。国资委、发改委、财政部联合下发了《关于深化国有企业改革的指导意见》，加快进行分类改革，推进国有资本投资运营公司建设和垄断行业改革。

2. 财税金融体制改革。可能是结合着事权和支出责任划分，有些事权还要适当收到中央，同时，也要健全地方税体系，使地方政府有足够的财力履行其支出责任。另外，税制改革还有税调整问题。

金融体制改革就更多了，包括在探讨的一行三会分业监管方式是否适合现在金融风险的处置，也有可能要适应金融混业经营的新趋势加强制度化。在金融监管方面，商业银行改革的问题恐怕还要进一步深化。随着宏观货币政策、宏观调整方式的转变，更加注重价格型的调控手段，培育新的利率曲线、短期利率市场，还有中长期的国债收益率市场。银行进一步推进利率市场化以后，银行要自主定价，包括定存款价格、贷款价格。

3．养老制度改革。现在机关事业单位改革已经推进，但是核心问题还没有解决，只是在形式上要交个人这块养老的8%。后面个人账户和社会统筹的关系，统筹层次的提升等各方面也要推进，包括医疗卫生等方面。

总体来看，新常态没有改变我国经济长期向好的基本面，也没有改变支持经济发展的基础条件。我们的工业化、城镇化还在加速发展，国内的市场规模巨大，产业结构转移升级、跨区域的产业梯度转移，包括国际产能合作等都将孕育着巨大的需求潜力和发展动力。

2017 年是实施“十三五”规划的重要一年，是供给侧结构性改革的深化之年，要全面贯彻党的十八大和十八届三中、四中、五中、六中全会精神，统筹推进“五位一体”总体布局和协调推进“四个全面”战略布局，坚持稳中求进工作总基调，牢固树立和贯彻落实新发展理念，适应把握引领经济发展新常态，坚持以提高发展质量和效益为中心，坚持宏观政策要稳、产业政策要准、微观政策要活、改革政策要实、社会政策要托底的政策思路，坚持以推进供给侧结构性改革为主线，适度扩大总需求，加强预期引导，深化创新驱动，全面做好稳增长、促改革、调结构、惠民生、防风险各项工作，促进经济平稳健康发展和社会和谐稳定，以优异成绩迎接党的十九大胜利召开。供给侧结构性改革推动经济可持续健康发展，推动我国由经济大国向经济强国发展。作为当代大学生，我们应强素质，重担当，为实现中国特色社会主义而努力学习。

思考题

1. 我国为什么要提出“供给侧结构性改革”？
2. “供给侧结构性改革”的着力点是什么？

延伸阅读

1. 《习近平提“供给侧结构性改革”，深意何在？》，新华网，2015-11-19
2. 《八句话，读懂中国“供给侧结构性改革”》，新华网，2016-03-05
3. 王一鸣，陈昌盛，李承健：《人民日报人民要论：正确理解供给侧结构性改革》，人民网，2016-03-29
4. 供给侧结构性改革的要义.www.gov.cn
5. 吴敬琏：《供给侧结构性改革下，从需求侧刺激的惯性还在》，原子智库

第七讲 两岸关系现状及未来发展前景

教学目的

通过对两岸关系历史脉络的把握以及相关政策方针的理论讲授，帮助学生了解海峡两岸关系发展的重大进展；领会中央政府对台工作的立场、观点、方针与政策；通过对台湾现状的分析，认识当前解决台湾问题面临的严峻形势，让学生明白“台独”分子的真面目，“台独”不得人心，祖国统一是不可阻挡的历史潮流，深刻认识党和政府实现统一的坚强决心，激发学生爱国热情，引导大学生明确肩负的历史使命，为祖国统一大业做出自己的贡献。

教学重点和难点

1.“九二共识”的历史事实和核心意涵

2. 两岸关系未来发展前景展望

主要内容

1. 两岸关系历史回顾

2. 两岸关系的现状

3. 两岸关系未来展望

台湾自古以来就是中国的领土，由于国共内战和美国的介入，1949 年以后两岸一直处分离状态，1949 年以来，尽管海峡两岸尚未统一，但大陆和台湾同属一个中国的事实从未改变，也不可能改变。60 多年的两岸关系有两大重要变化，一是两岸人民由不相往来发展到相对自由的交往，二是台湾当局由坚持“一个中国”原则转变为否认“一个中国”原则。2000～2008 年陈水扁主政的台湾当局推行分裂政策，导致两岸政治陷入僵局，2008 年后国民党重返执政，马英九当局承认“九二共识”，“两会”恢复了机制化会晤，两岸关系进入一个新的和平发展时期。2016 年 5 月 20 日，蔡英文就任台湾地区领导人，因蔡英文当局拒不承认“九二共识”，不认同两岸同属一中，破坏了两岸关系和平发展的政治基础，造成两岸联系沟通和协商谈判机制中断。

一、两岸关系历史回顾

1949 年以来，两岸关系大致经历了以下六个阶段。

第一阶段，海峡两岸对峙局面形成与两岸严重军事对峙时期，时间为 1949～1958 年，以中华人民共和国成立、国民党残余势力逃到台湾、“八二三”炮战等为重要标志。在这一时期，祖国大陆要渡海解放台湾，台湾当局军事反攻大陆，国共两党在祖国大陆东南沿海岛屿多次展开激烈战斗，国共内战仍在继续。由于朝鲜战争的爆发和美国的干涉，国民党当局得以在台湾站稳脚跟，台湾遂与祖国大陆暂时分离。

第二阶段，海峡两岸局部军事冲突时期，时间为 1959～1966 年。由于国际局势发生变化，中苏交恶，在“八二三”炮战前后，中美开始接触、谈判，中国政府对台政策也出现相应调整，开始强调和平解决台湾问题，国共双方谋求进行接触。国民党当局一方面继续对祖国大陆沿海地区用兵，致使两岸小规模军事冲突时有发生，另一方面又因自身力量的有限，提出了“七分政治、三分军事、政治作战”的策略，两岸关系较前一阶段有所缓和。

第三阶段，海峡两岸冷战对峙时期，时间为 1967～1977 年。1966 年，祖国大陆“文化大革命”发生，对台工作受到影响和冲击，但对台政策仍以“和平解放台湾”为基调。由于国际形势的变化，中美关系开始解冻，中日关系正常化，中华人民共和国在联合国合法权利得到恢复，台湾当局出现前所未有的“外交危机”。国民党于是对内实行“革新保台”，对外推行“总体外交”，大陆政策转变为“光复大陆”之下的“绝不谈判”“绝不妥协”。较前一阶段，这一时期两岸已很少发生直接武装冲突，局势已大为缓和，但两岸前沿阵地的军事对峙局面仍在继续。

第四阶段，海峡两岸和平对峙时期，时间为 1978～1987 年。20 世纪 70 年代以后，国际、国内形势都发生了重大变化，中国共产党和政府适应这一形势的变化，适时调整了对台方针政策，1978 年召开的十一届三中全会和 1979 年 1 月中美建交为新时期对台方针的出台创造了基本条件。1979 年元旦，全国人民代表大会常务委员会发表的《告台湾同胞书》、1981 年 9 月 30 日发表的“叶九条”，确定了和平统一祖国的基本方针政策。台湾当局在国际形势发生不利于自己变化的情况下，也改变和放弃了“反攻复国”的口号，转而推行“以三民主义统一中国”和处理两岸交往不断增多的“三不政策”。与前一时期相比，两岸关系发生了重大变化，即由军事对抗走到了和平对峙，双方都强调以和平手段解决两岸的政治分歧与中国的统一问题。

链接一 “叶九条”（1981年9月30日）

1981年9月30日，全国人民代表大会常务委员会委员长叶剑英发表了《关于台湾回归祖国实现和平统一的方针政策》的谈话，进一步阐明了关于台湾回归祖国，实现和平统一的九条方针政策（简称“叶九条”）。

（一）为了尽早结束中华民族陷于分裂的不幸局面，我们建议举行中国共产党和中国国民党两党对等谈判，实行第三次合作，共同完成祖国统一大业。双方可先派人接触，充分交换意见。

（二）海峡两岸各族人民迫切希望互通音讯、亲人团聚、开展贸易、增进了解。我们建议双方共同为通邮、通商、通航、探亲、旅游以及开展学术、文化、体育交流提供方便，达成有关协议。

（三）国家实现统一后，台湾可作为特别行政区，享有高度的自治权，并可保留军队。中央政府不干预台湾地方事务。

（四）台湾现行社会、经济制度不变，生活方式不变，同外国的经济、文化关系不变。私人财产、房屋、土地、企业所有权、合法继承权和外国投资不受侵犯。

（五）台湾当局和各界代表人士可担任全国性政治机构的领导职务，参与国家管理。

（六）台湾地方财政遇有困难时，可由中央政府酌情补助。

（七）台湾各族人民、各界人士愿回祖国大陆定居者，保证妥善安排，不受歧视，来去自由。

（八）欢迎台湾工商界人士回祖国大陆投资，兴办各种经济事业，保证其合法权益和利润。

（九）统一祖国，人人有责。我们热诚欢迎台湾各族人民、各界人士、民众团体通过各种渠道、采取各种方式提供建议，共商国是。

“叶九条”已经包含了“一国两制”的基本内容，邓小平同志1984年12月会见英国首相撒切尔夫人时曾明确指出：“1981年国庆前夕叶剑英委员长就台湾问题发表的九条声明，虽然没有概括为‘一国两制’，但实际上就是这个意思。”

——中国网《台湾百科》

第五阶段，海峡两岸民间交流时期，时间为1987～1995年。随着两岸关系的缓和，两岸人民冲破重重障碍进行交往。为了适应岛内外形势的需要，蒋经国晚年推行“政治革新”，为国民党大陆政策的调整创造了前提条件。1987年7月，台湾解除实施长达38年之久的“戒严令”，同时也解除台湾民众赴大陆不能以香港、澳门为首站的禁令，11月正式开放台湾民众赴大陆探亲，后来又逐步允许两岸“间接”“单向”经贸往来。对台湾方面的举动，祖国大陆予以积极配合，先后推出了一系列旨在促进海峡两岸民间交流与交往的措施。从此，两岸的民间来往日益频繁。20 世纪 90 年代以后，两岸从单向交流发展到某种程度的双向交流，交流项目从探亲扩展到经贸、体育、学术、文化等各方面，层次也越来越高，以致两岸的官方机构围绕两岸交流的诸多事务性问题进行协商、谈判，并于 1992 年达成了“各自以口头方式表述一个中国”的共识，两岸关系进一步缓和。

链接二　国台办：“九二共识”意涵明确，无法回避

有记者提问，大陆方面不断强调“九二共识”的重要性，而岛内关于“九二共识”却有不同看法，请发言人再次说明一下“九二共识”的由来、具体含义以及重要意义。国务院台办发言人马晓光 6 月 28 日在例行新闻发布会上应询表示，1992 年 11 月，海协会与台湾海基会经由香港会谈及其后函电往来，达成各自以口头方式表述“海峡两岸均坚持一个中国原则”的共识。海基会的表述是：“在海峡两岸共同努力谋求国家统一的过程中，双方虽均坚持一个中国的原则，但对于一个中国的含义，认知各有不同。”海协会的表述是：“海峡两岸都坚持一个中国的原则，努力谋求国家统一。但在海峡两岸事务性商谈中，不涉及一个中国的政治含义”。由此可见，当时双方均表明了“海峡两岸均坚持一个中国原则”的态度。

马晓光强调，“九二共识”之所以重要，就在于其核心意涵是认同两岸同属一个中国，不是“两个中国”“一中一台”，它清晰界定了两岸关系的性质，表明两岸不是国与国的关系。这是两岸关系发展中的大是大非问题，也是台湾当局回避不了的重大原则问题。

——中共中央台办、国务院台办，2017-06-28

第六阶段，分裂与反分裂斗争时期，时间为 1995 年至今。两岸民间交流与经贸往来带来了两岸关系的缓和。然而李登辉主政台湾后，偏离蒋氏父子的“一个中国”政策，先后抛出“政治实体”“阶段性两个中国”“台湾是台湾人的东西”到“特殊国与国关系”（“两国论”）等论调，一步步滑向“台独”深渊。李登辉的分裂言行激起了全体中国人民和中国政府的愤怒，祖国大陆遂展开反分裂、反“台独”的斗争，两岸事务性接触与谈判因此中断，两岸政治与军事关系再次呈现紧张、对立局面，并潜藏军事冲突危机。但两岸经贸关系并不受政治与军事因素的影响，继续扩大规模和深化。2000 年 5 月，陈水扁成为台湾地区领导人，他尽管说任内不宣布“台独”，但公开否认一个中国原则，说“统一并非唯一选项”，还声称要对大陆展开“外交不休战”“经济战”“境外决战”，并于 2002 年 8 月 3 日抛出“一边一国论”。对于陈水扁的求独政策，大陆在致力于两岸和平统一的

同时，展开军事斗争的准备，但受利益的驱动和经济发展客观规律的制约，两岸经贸关系持续扩大和深化。2008～2016 年马英九主政台湾，马英九任内坚持在“九二共识”基础上“维持两岸现状”，以此为两岸和平与区域稳定的重要资产。在马英九当局与大陆方面共同努力下，两会恢复了机制化会晤，两岸通过和解交流，建立了对等互惠的合作模式。双方两岸事务主管部门联系沟通机制有效运行，为推动两岸各领域交流合作发挥了重要作用。2015 年 11 月 7 日下午，两岸领导人习近平、马英九在新加坡香格里拉饭店会面握手，两岸政治交往取得历史性突破，达成新高点。2016 年 5 月 20 日，蔡英文就任台湾地区领导人，因蔡英文当局拒不承认“九二共识”，破坏了两岸关系和平发展的政治基础，两岸联系沟通机制进入停摆状态。

二、两岸关系的现状

2016 年，台湾政局发生重大变化，两岸关系形势趋于复杂严峻，“台独”势力动作频频，推行“去中国化”活动，严重威胁台海和平稳定。维护体现一个中国原则的政治基础，维护两岸关系和平发展成果，维护台海地区和平稳定，成为两岸同胞的首要任务。同时，大陆将继续推进两岸各领域交流合作，促进两岸经济社会融合发展。

（一）两岸政治交流中断，联系沟通机制停摆，责任完全在台湾一方

民进党当局拒不承认“九二共识”，导致两岸两会协商谈判中断。

“两岸联系沟通机制”是指国台办与台湾方面陆委会建立的常态化联系沟通机制、海协会与台湾海基会建立的协商谈判机制。众所周知，2008 年以来，两岸关系和平发展取得的丰硕成果不是从天上掉下来的，国台办与陆委会的联系沟通机制、海协会与海基会的协商谈判机制都是建立在双方均坚持“九二共识”政治基础之上的。“九二共识”是两岸关系和平发展的共同政治基础，也是两岸制度化联系机制得以建立的基础和前提。大陆方面在此基础上推进两岸制度化交往，维护两岸关系和平发展的立场一直没有改变，态度始终如一。改变这一局面的是台湾方面。台湾新执政当局迄今未承认“九二共识”、认同其核心意涵，动摇了两岸互动的政治基础，导致了国台办与陆委会的联系沟通机制、海协会与海基会的协商谈判机制的停摆，责任完全在台湾一方。

当前，大陆方面将继续坚持以体现一个中国原则为核心意涵、坚决反对“台独”的大政方针，如果台湾方面拒不承认“九二共识”及其所体现的核心意涵，两岸双方不可能开展实质性的良性互动。只有对两岸关系的根本性质、对两岸关系发展基础的问题做出明确的、正确的表述，两岸的制度化交往才能得以延续。目前看，台湾当局很难放弃“台独”主张，且担忧同大陆走近，因此两岸政治关系对立局面难以改善，两岸民间对抗性情绪也上升。从总体上看，两岸关系与之前 8 年和平发展的局面相比，出现明显的整体性倒退。

（二）民进党进一步推动“台独”“反中”“去中国化”与“文化台独”活动

民进党为了巩固其“执政权”，在两方面进行了加强：一是要进一步向“独派”靠拢，争取“独派”在政治上的支持，这既是民进党赖以生存的根本，也是民进党企图在未来巩固“执政权”的重要政治保障，在这一点上，民进党不会有任何松动，只能加强；二是进一步煽动和鼓吹“反中”，在台湾民意中维持和扩大“台独”的民意力量，对抗大陆。

蔡英文在上台之后，尽管高举“维持现状”大旗，标榜“不挡挑衅、不意外”，但却开始了全面的推动“去中国化”与“文化台独”活动，公然的挑战文化中国、历史中国与血缘中国甚至政治中国。蔡英文推动“去中国化”或“文化台独”的举动一个接一个，而且有着重要的策略布局。蔡英文选择具“文化台独”倾向强烈的“绿营”人士主管教育、文化部门是有意全面推动“文化台独”、持续削弱台湾中华文化的重要人事布局。

2016 年 5 月至今，一是取消遥祭南京中山陵。蔡当局以“去封建”之名为由决定取消过往台湾领导人遥祭中山陵的仪式，不再纪念“中华民国”创立者孙中山。二是撤除微调课纲，推动“教育台独化”。三是“去蒋化”。以转型正义为名，全面推动“去蒋化”与污名蒋介石行动。四是“去祖化”。蔡英文取消遥祭黄帝陵。五是“将妈祖政治化与污名化”。制造“马祖信仰是国民党统治的工具论”社会舆论。六是“去孔化”。一是林佳龙批判国民党执政时把台中市的日本神社拆掉，重建孔庙，然后用“他的孔子”来统治。七是“丑化郑成功”与“去郑成功化”。

蔡英文当局在“台独”分裂思想下推动“去中国化”与“文化台独”活动，会带来严重的社会政治后果，不仅会割裂两岸历史文化，伤害两岸人民情感，进一步恶化两岸关系，而且也会让所谓的“台湾文化”空洞化，“独害”或“毒害”台湾下一代，让台湾陷于更大的文化价值混乱与“台独”泥滩之中。海峡两岸同胞要充分认识蔡英文当局推动“文化台独”的危害性与严重性，共同反对与抵制，共同弘扬中华文化，建立两岸命运共同体。

（三）两岸国际舞台争锋，一中原则已成国际社会共识

国民党执政 8 年，奉行“活路外交”方针，2008 年马英九当局执政后，重新回到“九二共识”立场。明确反对“台独”，两岸在此基础上建立起一定政治互信。两岸关系也步入和平发展轨道。在两岸关系和平发展的整体环境下，不仅台湾方面要求强烈的国际参与问题逐步得到双方都接受的合理安排，敏感度极高的台湾“邦交国”问题，也在大陆的善意下被冻结起来，台湾得以维持住既有的 23 个“邦交国”。然而民进党重新执政，拒不承认“九二共识”，两岸互信基础不在，原有的平衡被打破，两岸涉外斗争暗潮汹涌、

风云再起。蔡英文就曾痛批马项九当局的“活路外交”是“外交休克”，让涉外人员不知“为何而战”，维系“邦交”要看大陆脸色。随着两岸关系的生变，2017 年两岸在涉外关系方面的原有平衡被打破，蔡英文当局已明显扬弃马英九当局时期“依美亲日和陆”的平衡政策，“依美日抗大陆”的立志十分明显，未来必将设法依赖美日的扶持，积极设法扩大“国际空间”，两岸在国际舞台争锋将明显增多，双方行之有年的“外交休兵”默契化为乌有，2016 年 12 月 21 日，圣多美普林西比与台湾“断交”。2017 年 6 月 13 日，巴拿马与台湾“断交”。在国际组织中，台湾当局也先后被联合国粮农组织（FAO）、渔业委员会（COFI）会议、世界卫生组织大会、国际民航组织大会、国际刑警组织大会等拒之门外。

链接三：台驻厄国代表处被令改名　台“国际空间”渐小

大公网 6 月 28 日讯 与台湾方面没有“邦交”的厄瓜多尔日前要求台驻厄瓜多尔代表处改名为“台北驻厄瓜多尔商务处”。中华人民共和国外交部发言人陆慷 27 日说，对厄瓜多尔以一中原则处理涉台议题表示“高度肯定和赞赏”。继今年 1 月尼日利亚要求台驻尼代表团摘牌更名后，最近巴林、厄瓜多尔、迪拜和约旦也要求台湾方面驻当地代表处改名。有分析认为，民进党当局拒不承认体现一中原则的“九二共识”，台湾的“国际空间”势必越来越小。

综合台媒报道：厄瓜多尔政府近日要求台湾方面驻厄瓜多尔代表处将使用多年的“中华民国驻厄瓜多尔商务处”更名为“台北驻厄瓜多尔商务处”。

“非邦交”要台机构改名

早在今年 1 月，尼日利亚政府要求台湾方面驻当地代表处迁往旧都拉哥斯、更改驻处名称及缩减人员规模后，3 月底又要求台驻尼国代表赵家宝限期离境，否则不保证“外馆”安全。尼日利亚政府表示，基于一个中国原则，不承认台湾是一个国家，所以要求驻当地的“‘中华民国’商务代表团”改名，并迁出首都阿布加。据说，最近巴林、迪拜与约旦都要求台湾方面驻当地代表处改名。

一中原则已成国际社会共识

中华人民共和国外交部 27 日举行例行记者会。陆慷回应提问时说：“中国政府对厄瓜多尔政府本着一个中国原则处理涉台问题表示高度肯定和赞赏。”他表示：“这个事实也再一次充分表明，坚持一个中国原则是国际社会的‘人心所向、大势所趋’。它不是一个所谓中国政府施压的问题。”

有学者指出，从台湾今年不获邀请参加世卫大会、“台巴断交”到“非邦交国”要求台湾代表处改名，充分显示一个中国原则已成为国际社会普遍共识。民进党当局不承认“九二共识”、不认同两岸同属一个中国，不仅破坏两岸关系，也等于自绝于国际社会之外，台湾的“国际空间”必然日渐狭窄。

台湾地区前领导人马英九日前指出，如果两岸关系没有搞好，台湾要搞好对外关系“门都没有”。“九二共识”是目前维持两岸稳定最好的方式，在他任内已测试了 8 年，证明是可行的。他当年一上任就以“外交休兵”来替代民进党陈水扁的“烽火外交”，当时民进党说“外交休兵就是外交休克”，但比较起来，现在才比较像是“外交休克”。

岛内舆论指出，巴拿马堪称台湾最重要的“邦交国”之一，如今在毫无预警下“断交”，是提醒民进党当局，其两岸政策立场不能再暧昧不明。

——摘自大公网，2017-06-28

回顾历史，两岸在国际领域的斗争始终围绕着一个中国原则的主线。1996 年发生的台海危机，实际上正与李登辉访美时公开发表不利于一个中国的言论有关，在陈水扁、民进党主政时期，“去中国化运动”最热烈的时候也恰是两岸在国际间斗争最激烈的时候。

2008 年之后，由于主政的中国国民党坚持“九二共识”，反对“台独”的政治立场，两岸在国际关系方面达成了不再进行冲撞的默契。台湾在扩大“国际空间”方面也取得了相当的成果。2008 年，世界贸易组织正式采认通过台湾地区加入“政府采购协定”，同年成为政府间国际组织“国际贸易资讯暨合作机构”赞助会员；2009 年，台湾分别在高雄和台北举办了世界运动会和夏季听障奥林匹克运动会；2009 年年底，台湾成为联合国特别资讯机构之一的国际检察官协会成员；2010 年，台湾有三个馆参加了在上海举办的世博会。台湾的免签证或落地签证待遇国，从过去的 54 个大幅成长到 134 个国家与地区。这些都是在现实国际环境下因两岸关系的改善而获得的成果。这说明，只有两岸共同维护整体利益，保持两岸关系的和平发展，两岸在涉外活动问题上形成共识或默契，台湾的活动余地才会更加广阔，实质性参与才能更加顺利。

显然，两岸在“九二共识”基础上取得的成果不应该被“台独”收割。未来，台湾当局若一意孤行、执迷不悟，大陆有足够的战略定力、战略自信与战略耐心。我们有坚定的意志、充分的信心、足够的能力遏制“台独”。

链接四　巴拿马与台湾“断交”后，台湾仅剩的20个“邦交国”

有关台湾的全部事实和法律证明，台湾是中国领土不可分割的一部分。台湾是不具备独立主权的行政区域，但目前仍有20个国家无视历史和事实，与台湾保持所谓“外交”关系。目前仍与台湾保持所谓“外交”关系的国家有以下20个。

大洋洲6国

帕劳：西太平洋岛国，第二次世界大战期间被美国占领，1994年10月1日独立，1999年与台湾“建交”。由一个大堡礁和无数小岛、小堡礁构成，人口数量2.13万，国土面积465.55平方千米，GDP总计2.874亿美元，全国无军队，由美国负责其50年的防务。

图瓦卢：位于南太平洋，由9个环形珊瑚岛群组成，国土面积约为26平方千米，世界面积第四小的国家，全国人口1.06万，几乎没有天然资源，没真正意义的工业与农业，以出口椰干、发行邮票和收取捕鱼为生，是联合国公布的世界最不发达国家之一。1979年与台湾“建交”。

马绍尔群岛：位于中太平洋，由1200多个大小岛礁组成，主要岛礁有34个，国土面积181.3平方千米，人口5.5万，1998年与台湾“建交”。受美国托管，美国曾在此进行过67次核试验。

所罗门群岛：南太平洋岛国，共有超过990个岛，陆地总面积28 450平方千米，人口58.4万。大多数人口依靠务农、捕鱼和种植为生，是世界上最不发达国家之一，1983年与台湾“建交”。

基里巴斯：太平洋岛国，共有33个小岛，国土面积811平方千米，人口11.2万。世界上最不发达国家之一，1980年同中国大陆建立外交关系，2003年同大陆断交与台湾“建交”。中国大陆1997年时曾在此修建卫星跟踪站。

瑙鲁：南太平洋岛国，是世界上最小的岛国，国土面积24平方千米，人口约1万。1980年与台湾“建交”，2002年与台湾“断交”并与中国大陆建交，后于2005年再次与大陆断交与台湾“建交”。

拉丁美洲11国

危地马拉：中美洲国家，面积10.8万平方千米，人口1580万，经济以农业为主，1960年与台湾“建交”，与大陆来往不多。

巴拉圭：南美洲中部的内陆国家，国土面积40万平方千米，人口664万，经济以农牧业和林业为主，1957年同台湾“建交”。

圣文森特和格林纳丁斯：加勒比附近火山岛国，国土面积389平方千米，人口10.9万，经济以农业为主，1981年同台湾“建交”。

伯利兹：中美洲国家，国土面积2.3万平方千米，人口35.9万，经济上以林业为主，1987年与中国大陆建交，1989年与台湾“建交”，大陆宣布与其断交。

萨尔瓦多：中美洲国家，国土面积2.1万平方千米，人口613万，国内经济以农业为主，是世界上“中低等收入国家”之一，1961年同台湾“建交”。

海地：加勒比海北部的岛国，总面积2.8万平方千米，人口1071.1万，是世界上最为贫困的国家之一，三分之二的工人没有固定的工作。海地还是一个极为动乱的国家，国内大部分人听到这个国家的名字都是来自于国内新闻对中国驻海地维和部队的报道。海地于1956年与台湾“建交”。

尼加拉瓜：位于中美洲中部，国土面积13.04万平方千米，人口608万，1985年与中国大陆建交，1990又与台湾“复交”，随后中国大陆宣布与其断交至今。

多米尼加：加勒比海国家，面积4.8万平方千米，人口1050万，1983年与台湾“建交”。

洪都拉斯：中北美洲的多山国家，国土面积11.2万平方千米，人口808万，1965年与台湾“建交”。

圣基茨和尼维斯：加勒比海岛国，面积267平方千米，人口5.56万，1983年与台湾“建交”。

圣卢西亚：加勒比海岛国，面积616平方千米，人口17.1万，2007年与台湾“建交”。

非洲2国：

布基纳法索：非洲西部的内陆国家，接近撒哈拉沙漠，面积27.4万平方千米，人口1810万，是最不发达国家之一，是周边国家主要的外来劳工输出国，1994年与台湾“建交”。

斯威士兰：非洲东南部内陆国家，面积1.7万平方千米，人口129万，中等偏下收入国家，1968年与台湾“建交”。

欧洲1国：

梵蒂冈：天主教教皇教廷所在地，被意大利四面包围，是一个以教为国的城邦，全球领土面积最小、人口最少的国家，面积0.44平方千米，人口572，其中，只有223人真正生活在梵蒂冈，主要是主教、神父、修女。1942年与台湾“建交”。

——摘自百家号，2017.06.14

（四）两岸贸易额持续下降，但大陆仍是台湾最重要的贸易伙伴

马英九执政时期，成为两岸经济往来与合作的一段黄金时代。2016年民进党上台执政，两岸经济合作制度化与机制化发展受挫，两岸经贸往来与经济合作受到冲击，两岸经贸关系发展格局出现新的重要变化。

蔡英文当政后，采取了与马英九完全不同的两岸经贸政策与路线，明确反对马英九

“从中国走向世界”的经济发展路径，主张与此相反的“从世界走向中国”的经济发展路径，即不是优先发展与大陆的经济关系或优先与大陆签署经济合作框架协议，而是绕过大陆，优先发展与其他国家或地区的经贸关系，尤其优先与美日签署经济合作框架协议，再通过美日等一同与大陆开展经贸关系或再签署经济合作框架协议。这一复杂、绕口的台湾经济发展路径成为蔡英文当政后处理两岸经贸关系的核心思想。两岸贸易发展变化主要受外部经济贸易大环境影响，受两岸政治关系变化影响相对较小。在国际经济普遍不景气与外部需要不足情况下，2014 年两岸贸易开始出现下滑态势，两岸贸易总额为 1983.1 亿美元，较上年仅增长 0.6%；2015 年降为 1885.6 亿美元，同比下降 4.9%；2016 年持续衰退。依大陆商务部统计，2016 年 1～9 月，两岸贸易总额为 1275.5 亿美元，同比下降 7%；大陆对台贸易额为 291.4 亿美元，同比下降 13%；自台湾贸易额为 984.1 亿美元，同比下降 5.1%。依台湾统计，2016 年上半年台湾对大陆贸易额为 503 亿美元，同比下降 11.5%，远高于同期台湾对外贸易衰退幅度（7.76%）；大陆对台湾贸易额为 215.6 亿美元，同比下降 7%，与总体贸易额下降幅度相当（7.9%）。下半年开始，两岸贸易形势逐步好转。依台湾统计，第三季度台湾对大陆及香港贸易额转负为正，10～11 月，对大陆及香港贸易额分别达 113.4 亿与 107.1 亿美元，分别年增长 14.9%与 19.0%，均居各主要贸易市场之首。台湾对大陆及香港的贸易市场依赖度呈现连续四年下滑趋势，2016 年上半年降至 38.3%。不过，第四季度开始，台湾对大陆及香港贸易显著增长，而对其他地区增长速度相对有限，导致台湾对大陆及香港贸易市场比重又显著回升，11 月约占台湾五大贸易市场金额 48.4%，占对外贸易总额的 42.3%，足以显示大陆及香港市场对台湾外贸市场与经济增长的重要贡献。大陆民众赴台旅游自 2016 年 6 月开始显著减少。1～10 月，大陆赴台游客为 236 万人次，较上年同期 272 万人次减少了 13%，其中，10 月大陆团队游下跌 60%，自由行旅游也下降了 30%；预计全年大陆赴台旅游人数为 350 万人次，约减少 80～90 万人次。岛内航空业、旅游业、餐饮服务业等受到冲击最大。这些都给台湾经济造成直接冲击。

据中国大陆海关统计，2016 年 1～11 月，大陆与台湾贸易额为 1614 亿美元，同比下降 4.9%，占大陆对外贸易总额的 4.9%，其中，大陆对台湾贸易额为 364 亿美元，同比下降 11.1%；台湾与大陆为 1250 亿美元，同比下降 3%。台湾是大陆第五大贸易伙伴和第四大贸易来源地。

根据台湾方面的统计，2016 年 1～10 月，台湾与大陆（含香港）贸易额为 1279 亿美元，同比减少 1.4%，其中，台湾对大陆贸易额为 907 亿美元，同比下降 1.3%；大陆对台湾贸易额为 372 亿美元，同比下降 1.3%。台湾自中国大陆获得出超 535 亿美元，同比下降 1.4%。中国大陆继续为台湾第一大贸易伙伴，占台湾对外贸易额的 30.5%

两岸贸易仍是拉动台湾对外贸易的最主要力量。与 2016 年同期台湾对外贸易情况相比较，两岸贸易额的降幅远低于台湾整体对外贸易额的降幅（6.6%左右），台湾对大陆的贸易依存度并未出现明显的下降。

三、两岸关系未来展望

未来的两岸关系一方面取决于台湾当局的政策走向，另一方面受经济客观规律及两岸人民反对“台独”、赞成统一血缘情感影响，加上祖国大陆强大综合实力产生的震慑力，台湾当局不会更不敢公开宣布“台湾独立”，或搞“宪法独立”“公民投票独立”。不过，两岸政治僵局短期内难获突破，甚至不排除两岸发生小摩擦的可能性。

（一）坚持“九二共识”作为两岸关系共同政治基础

1987 年年底，长达 30 多年的两岸隔绝状态被打破，两岸人员往来和经济、文化等各领域交流交往蓬勃兴起的同时，也衍生出种种问题。为此，台湾方面不得不改变“不接触、不妥协、不谈判”的“三不政策”，并于 1990 年 11 月 21 日成立民间性中介机构海峡交流基金会，授权与大陆方面联系与协商。为便于和海基会接触、商谈，大陆方面于 1991 年 12 月 16 日成立海峡两岸关系协会，并授权以一个中国原则作为两会交往和事务性商谈的基础。两岸两会成立后，充分发挥沟通化解的桥梁作用。一年内，合作处理各类突发事件 24 起，建立起了相当良好的协调关系。虽然两会商谈的是事务性问题，但要顺利地解决问题，有一个重要的事项必须首先明确——那就是“两岸间的事务性问题是一个国家内的事情”。为此，“两会”就事务性商谈中如何表述双方坚持一个中国原则开始商谈。

1992 年，海协会与台湾海基会受权就在两岸事务性商谈中表述坚持一个中国原则事宜进行协商。经过当年 10 月香港会谈及其后一系列函电往来，达成了各自以口头方式表述“海峡两岸均坚持一个中国原则”的共识，后来被概括为“九二共识”。其核心意涵是大陆和台湾同属一个中国，“两岸”不是国与国的关系，从而明确界定了两岸关系的根本性质。

1992 年 10 月 28～30 日，“两会”在香港举行工作性商谈。商谈中，海协会代表提出 5 种有关表述坚持一个中国原则的方案，其中一种方案表述为：“在海峡两岸共同努力谋求国家统一的过程中，双方都坚持一个中国的原则，对两岸公证书使用（或其他商谈事务）加以妥善解决。”台湾海基会代表也先后拿出 8 种表述方案，其中第八种表述方案是在参考海协会前述表述方案的基础上提出的：“在海峡两岸谋求国家统一的过程中，双方虽均坚持一个中国之原则，但对一个中国的含义，认知各有不同。唯鉴于两岸民间交流日益频繁，为保障两岸人民权益，对于文书查证，应加以妥善解决。”海基会代表称此案为台方的底案，并建议“以口头声明方式各自表述”。香港商谈结束后，11 月 1 日，海基会代表发表书面声明表示，有关事务性商谈中一个中国原则的表述，“建议在彼此可以接受的范围内，各自以口头方式说明立场”。海协会研究了海基会的第八种表述方案，认为这个方案表明了台湾方面谋求统一、坚持一个中国原则的态度；虽然海基会提出，“对一个中国的含义，认知各有不同”，但没有具体论述台湾方面的看法，因此，可以考虑与海基会各自以口头方式表达坚持一个中国原则的态度，同时提出希望海基会能够确认这是台湾方面的正式意见。11 月 3 日，海基会发布新闻稿并致函海协会，表示已征得台湾有关方面同意，“以口头声明方式各自表达”。同日，海协会副秘书长就此事与海基会秘书长通电话时表示，这次两会工作性商谈，“在海峡两岸事务性商谈中表述一个中国原则的问题上取得了进展”，“贵会建议采用贵我两会各自以口头声明的方式表述一个中国原则。我们经研究后，尊重并接受贵会的建议。口头表述的具体内容，另行协商。”11 月 16 日，海协会致函海基会，指出海基会在香港商谈中就表述坚持一个中国原则的态度“提出了具体表述内容，其中明确了海峡两岸均坚持一个中国的原则”；重申了同意以各自口头表述的方式表明“海峡两岸均坚持一个中国之原则”的态度，并提出海协会口头表述的意见为：“海峡两岸都坚持一个中国原则，努力谋求国家统一。但在海峡两岸事务性商谈中，不涉及一个中国的含义。本此精神，对两岸公证书（或其他商谈事务）加以妥善解决。”该函以附件的方式，将海基会在香港提出的第八种表述方案附在函后，作为双方彼此接受的共识内容。12 月 3 日，海基会回函对此未表示任何异议。至此，双方都认为经过协商达成了共识。这一共识后来被称为“九二共识”。

“九二共识”是各自以口头方式表述海峡两岸均坚持一个中国原则的共识。达成共识的方式是各自口头表述，构成共识的内容就是上述两段经过协商、相互认可的具体文字，核心是坚持一个中国原则。共识中，“两会”都表明了“谋求国家统一”“海峡两岸均坚持一个中国原则”的基本态度。对于一个中国的政治含义，台湾海基会表示“认知各有不同”，海协会表示“在事务性商谈中不涉及”，作了求同存异的处理。在两岸之间固有矛盾一时难以解决的历史条件下，“九二共识”的达成，体现了两岸双方搁置争议、求同存异的政治智慧，确立了两岸商谈的政治基础，为“两会”开展协商并取得成果提供了必要前提。

“九二共识”客观存在，其核心意涵清晰明确，这是不能否认也不容模糊的。两岸关系发展的历史证明，要保持两岸关系和平发展方向和良好势头，关键是要巩固坚持“九二共识”、共同反对“台独”的政治基础。有了这个基础，两岸关系就能继续向前发展，两岸民众的权益与福祉就能得到维护和增进。如果这个基础遭到破坏，两岸关系就会重回动荡不安的老路，和平发展成果就会得而复失。当前两岸关系走到新的重要节点，唯有坚持“九二共识”、共同反对“台独”的政治基础，两岸关系和平发展才能继续，并不断开辟光明前景。

（二）两岸关系趋于复杂严峻，两岸关系中的不确定因素和挑战风险明显增加

2016 年 5 月 20 日，不认同“九二共识”的民进党上台执政，两岸关系从冷和平进入

冷对抗阶段。由于民进党当局拒绝接受“九二共识”，破坏两岸关系和平发展的政治基础，对两岸关系整体面貌带来极大冲击，两岸政治僵局短期内难有较大程度的改善。当前两岸关系发展的挑战是：机会不断流失，互疑不断加深，风险不断累加，那么“台独”与反“台独”、“分裂”与反“分裂”的斗争将使两岸关系重回对立对抗的局面

民进党重新执政，“台独”企图明显、动作不断，有意修改“宣誓条例”，废止孙中山遗像，欲从历史上隔断两岸连接；迫不及待撤回微调课纲，维持“去中国化”、鼓吹“台独”史观的课纲原貌；强行修改“护照条例施行细则”，为护照加贴“台湾国”贴纸开绿灯，实现护照的“去中国化”；主张以“台侨”称谓取代“华侨”，彻底切断台湾与中华民族的联系；有意为“公投法”松绑，大幅降低“公投”提案与通过门槛，扩大“公投”适用范围，大量启用深绿人士出任司法要职，为实现“法理台独”做准备。2017 年随着两岸关系持续降温、停滞，蔡英文当局将会继续加大“台独”动作，特别是随着特朗普的上台，其有意加大台湾在中美关系天平上的砝码，欲借台湾加大对中国大陆的要价，逼大陆做出更多让步，势必会增强对台湾的扶持，从而刺激民进党及深绿势力的“台独”嚣张气焰，“台独”行为有所增强，这些无疑将给台海局势点火加温，各种“台独”思潮泛起，特别激进“台独”势力蠢蠢欲动，两岸关系存在重新动荡的风险。

目前两岸关系没有共同政治基础，两岸民间对抗性情绪也上升。两岸间处于“无互信、无共识、无机制、无沟通”的“四无”局面，不仅使两岸双方寻求建立政治互信变成缘木求鱼，而且毫无交集、沟通必然导致战略互疑的加重，当前的两岸关系极为脆弱。两岸关系将更趋紧张和复杂，唯一可能改变局面的机会是尽快达成明确含有一个中国原则的新共识，否则两岸斗争模式将开启。

尽管两岸关系发展面临的不确定因素增加，风险挑战增大。大陆将继续坚持体现一个中国原则的“九二共识”，维护两岸关系和平发展的政治基础。坚决反对任何形式的“台独”分裂，坚定维护国家主权和领土完整，维护台海地区和平稳定。

链接五　蔡英文两岸走错路给台湾一个指引：反过来走就对了

中国台湾网 2017 年 6 月 24 日讯　台湾地区领导人蔡英文上任以来，两岸关系降至冰点，国际空间不断压缩，蔡英文却对此一筹莫展。据台湾《中时电子报》报道，曾任马英九办公室副秘书长的罗智强表示，“有一点，要谢谢蔡英文”。因为这一年，蔡英文走错的路，尤其是两岸，至少给了台湾一个指引，那就是“反过来走，就对了。”

蔡英文去年上任后，大陆赴台游客大幅减少，台湾观光业成“惨”业，且无法参加第70届世界卫生大会（WHA），又遭圣多美和普林西比、巴拿马“断交”，“外交”面临崩盘。

罗智强对此表示，“我很早就说过，在两岸，蔡英文只有两条路可走。”第一条，就是走马英九路线，才能保持两岸和平发展。第二条，不走马英九路线，就是今天的局面。前者，蔡英文将以她两岸的成功来验证马英九的成功。而后者，蔡英文将以她两岸的失败来验证马英九的成功。因为马英九路线才是两岸要和平的康庄之道。

——摘自中国台湾网，2017年6月24日

（三）继续加强两岸民间交流合作

两岸关系越复杂，越需要交流，尤其要加强两岸民间交流，展现维护两岸关系和平发展的坚定意志和强大力量。

大陆方面在努力维持两岸关系和平发展道路上会继续促进交流合作，为台湾同胞谋福祉。两岸民间交流合作有望保持热络局面，两岸青年、基层民众的互动了解将不断加深，两岸城市间交流合作可能继续深化。特别是台湾民众受大陆政策积极影响，可能更多来大陆就业、创业、生活、发展，两岸同胞的了解和情谊将逐步增进。台湾方面在内政压力增大，经济民生难以改善的情况下，处理两岸经济、社会关系的务实面可能增多。岛内民众期待两岸关系和平发展的民意诉求可能进一步加大，希望两岸关系回暖的声音可能更多。这对维护两岸关系良性互动局面、加大台湾当局调整两岸关系政策具有正面意义。

纵观30年来两岸关系跌宕起伏的发展历程，两岸民间交流始终是推动和促进两岸关系和平发展的强大力量，也是不可阻挡的历史潮流。从1987年两岸隔绝状态被打破，到2008年迈入和平发展新阶段，到2015年人员往来超过985万人次，民间交流日益频繁，同胞的情感连接和利益纽带越来越紧密。而这正是岛内“台独”势力所惧怕的。他们绞尽脑汁地搞“去蒋化”“去孙化”“去中国化”，就是企图切断两岸历史联结和同胞情谊，千方百计地阻挠两岸统一。加强两岸民间交流具有重要意义，有助于增进台湾同胞对大陆经济、社会的发展，拉近两岸同胞的心灵距离。最近大陆方面又推出了多项便利措施，包括在大陆就业台湾居民享有住房公积金缴存和使用权利、可在大陆参加社会保险、为台湾学生增设奖学金项目、提供更便利旅游住宿服务、改进台胞小额信用卡服务等，进一步为台胞在大陆求学、就职、生活创设更友善、更便利的环境。

两岸关系发展的动力来自民间，来自基层，来自两岸全体同胞。只要我们每个人都做出应有努力，两岸民间交流的涓涓溪水终将汇聚成冲破一切障碍的澎湃大潮，为两岸关系和平发展开辟更为广阔的前景。

链接六　两岸相融　共谋福祉——第九届海峡论坛综述

共叙亲情乡谊、共商融合发展、共话民生福祉。6月17～23日，第九届海峡论坛在福建厦门举行。以“扩大民间交流，深化融合发展”为主题，本届海峡论坛安排大会、青年、基层、经贸四大板块21个项目40场活动，8000余名台湾各界人士共襄盛举。

生动：聚焦“有故事的人”

20多年来一次次跨越台湾海峡，将100多位台湾老兵的骨灰抱回大陆老家安葬的83岁台湾老兵高秉涵；多年来致力于两岸文化交流的台湾少数民族民意代表高金素梅；率先“登陆”发展、企业步步壮大的在闽台商李世伟；因一次汇款业务而与台湾老兵夫妇结缘、从此悉心照顾的中国工商银行上海分行普陀支行职员朱捷；两岸阻隔42年后，首次赴台采访的香港中国评论通讯社社长兼总编辑郭伟峰……6月18日论坛大会上，5位两岸交流的见证者、推动者，聚焦台海变迁，畅谈心路历程。

今年是两岸恢复民间交往30周年，聚焦“有故事的人”，大会的精心安排所蕴藏的深意不言而喻。30年前，禁锢台湾海峡的坚冰被打破，两岸交流随之蓬勃兴起。30年后的今天，两岸同胞大交流、大合作已然成为两岸关系发展不可逆转的历史潮流。

九载风雨真情在，九重寒暑梦依然。伴随着两岸交流日益扩大，迈入第九年的海峡论坛已成为两岸联合参与机构最多、活动规模最大、涉及范围最广、民间色彩最浓的大型交流活动。

“千年暗室，一灯即明。”6月18日海峡论坛大会上，第三次参加海峡论坛的中国国民党主席洪秀柱引用此句诠释对两岸交流的期许。她表示，只要我们为和平点燃心灯，坚毅力行，一灯引千灯，灯灯相映，必能破除黑暗，让两岸的未来重现光明。

草根：唱响民间交流主旋律

“一道海峡连两岸，进进出出一家人。”6月17日，来自海峡两岸的百位新人在天风海涛的见证下，互相许下婚姻誓言，这也是海峡论坛第一次举办两岸集体婚礼。

“在海峡论坛上有大家的祝福和见证，我们的心更安定了。”喜气洋洋的传统新人服饰，映红了台湾高雄姑娘何燕萍的脸。在一旁，来自山东的新郎夏祥光同样止不住笑意。

凸显草根性、基层唱主角，海峡论坛正成为一场不折不扣的两岸民间嘉年华——跨越海峡的沟通之桥，是两岸特色庙会上，来自台湾基隆的林技成手中美味的虱目鱼丸；是厦门海沧柯井社张氏家庙诒德堂前，台湾宗亲张世荣返乡谒祖的喜悦；是海峡（漳州）茶会里，海峡两岸和海内外200多家茶企泡出的清香茶汤……

“各行各业的台湾民众从台湾来到厦门参加海峡论坛，这表明两岸同胞渴望交流的心声，这是任何人也阻挡不了的。”中国统一联盟主席戚嘉林表示。

台湾社区发展协会联合总会秘书长林武雄认为：“两岸的基层交流，不要因为执政党的轮替而改变方向和目标。从政治、经济、文化、宗教、体育等各个层面，让两岸民众多走走看看，加深彼此的了解，互相学习进步。”

青春：让青年交流更“有感”

“一起玩喜剧，一同欢笑，共创美好记忆。”6 月 18 日，首届海峡论坛金点子创意大赛总决赛现场，来自台湾玄奘大学的林靖以其“两岸青年喜剧艺术节”获得评审青睐，一举获得亚军。

以“两岸好主意、金选新创意”为主题，大赛于今年 2 月 8 日在台北启动，共征集到 152 项活动策划案，吸引 50 位台湾青年来厦门交流。“希望两岸年轻人用这样的创意为海峡论坛的举办贡献力量，也为两岸关系的发展多出金点子。”国台办主任张志军表示。

两岸一家亲，希望在青年。纵览本届海峡论坛，“青春风”劲吹，增加让青年“有感”的体验式交流。

“乐业两岸　创享未来”青创先锋汇上，1000 多名来自大陆和台湾的青年创业者共聚一堂，“台湾青年有许多好的创意，大陆具有广阔的市场，两者互补使得我们有足够的能量共同开创国际市场。”台湾蓝德科技创始人许宾乡信心满满；两岸青创书院里，一群来自台南新山小学的孩子们好奇地打量着村庄内摆放的犁、耙、石磨等农具。“两岸的小朋友一起学习交流传统农耕方式，友谊的种子也就此生根发芽。”新山小学老师林倩如说。

6 月 17 日，第九届海峡论坛·台湾专业人才厦门对接会举行。以“台湾青年·创业厦门”为主题，200 多名台湾青年入场求职。“厦门的创业环境很好，还有不少针对台湾人才的优惠政策。现在‘小三通’也很方便，从厦门往来台湾非常便利。”求职会上，来自华侨大学的台湾学生赖伟通说。

“本届论坛细化科技、教育、水利、金融、智库等行业交流主题，实现有效对接。”福建省台办副主任钟志刚介绍，在便利台湾青年来大陆学习就业创业生活方面，福建将面向台湾青年推出 2600 多个就业岗位，600 多个见习岗位，3100 多个创业席位。

——摘自人民日报海外版，2017 年 6 月 23 日

2016 年 7 月 1 日，习近平在庆祝中国共产党成立 95 周年大会上发表重要讲话指出：两岸关系和平发展是维护两岸和平、促进共同发展、造福两岸同胞的正确道路，也是通向和平统一的光明大道。坚持“九二共识”、反对“台独”是两岸关系和平发展的政治基础。我们坚决反对“台独”分裂势力。对任何人、任何时候、以任何形式进行的分裂国家活动，13 亿多中国人民、整个中华民族都决不会答应！两岸同胞是命运与共的骨肉兄

弟，是血浓于水的一家人。民族强盛，是同胞共同之福；民族弱乱，是同胞共同之祸。两岸双方应该胸怀民族整体利益，携手为实现中华民族伟大复兴的中国梦共同打拼。

回首过往，两岸关系波折不断，甚至一度濒临危险的边缘，但是，排除干扰，克服阻力，推动两岸关系朝着和平稳定的方向发展，始终是两岸同胞的共同愿望所系，共同利益所在。经过两岸民众长期共同努力，推动两岸关系持续和平发展已经具有更为坚实的基础、更为强劲的动力、更为有利的条件。但两岸关系依然面临日趋严峻的挑战，两岸关系持续调整带来巨大不确定性。因此，推动两岸关系持续和平发展，促进两岸融合仍然任重道远。我们也要对解决台湾问题的长期性、艰巨性、复杂性保持清醒头脑，对两岸关系和平发展中可能出现的各种困难和曲折做到心中有数，牢牢掌握对台工作的正确方向，推动形成两岸同胞共同反对“台独”的强大声势，积极塑造两岸同胞携手共同实现中华民族伟大复兴的主流民意，共同开创两岸关系和平发展新前景。

思考题

1. 简述民进党上台后“台独”的表现与风险。

2. 为什么说“九二共识”是两岸保持良性互动的政治基础？

3. 分析两岸关系发展的前景。

延伸阅读

1.《习近平同马英九会面》，新华网，2015-11-07

2.《习近平总书记会见中国国民党主席洪秀柱》，新华社，2016-11-01

3. 习近平：《在纪念孙中山先生诞辰150周年大会上的讲话》，新华社，2016-11-11

4.《龙明彪在“中华民族抗日战争史学术研讨会”上的致辞》，中共中央台办、国务院台办，2017-07-06

第八讲　特朗普执政与中美关系

教学目的

通过本章的学习，使大学生了解虽然中美在政治上存在分歧，在贸易上双方存在摩擦，但在经济全球化的前提下，中美双方存在共同利益，双方相互依存、相互竞争，友好发展是主流。和平与发展是时代的主题，是不可阻挡的时代潮流。未来中美关系应是和平共处、友好合作、谋求共同发展。

教学重点和难点

中美关系及其发展

主要内容

1. 特朗普执政后美国的政策
2. 特朗普执政后的中美关系
3. 中美关系影响下的中国与其他大国（集团）的关系

2016年11月9日美国总统选举落下帷幕，共和党总统候选人唐纳德·特朗普击败民主党总统候选人希拉里·克林顿，当选美国第58届总统。

尽管美国主流媒体和选前的各种民调明显看好希拉里，但选民用选票表达了不同的声音。特朗普除了赢得自己所有优势州之外，还拿下对手优势州之一威斯康星州。此外，特朗普在佛罗里达、北卡罗来纳、俄亥俄、宾夕法尼亚等“摇摆州”的得票数也超过希拉里。希拉里9日凌晨给特朗普打电话承认败选。特朗普胜选后向支持者表示感谢。他说：“我非常期待成为你们的总统，我保证不会让你们失望。”他还表示，将重建国家基础设施，并呼吁两党团结。

此次选举期间，希拉里和特朗普的竞争空前激烈。希拉里卷入“邮件门”、克林顿基金会等丑闻，特朗普则因其种族和性别歧视言论、巨额避税丑闻和基金会善款运作问题饱受争议。两人以人身攻击为主的选战严重撕裂了美国社会，引起国际社会广泛关注。此次选举被美国媒体称为近几十年来“最丑陋、最分裂”的总统选举。美国国务卿克里在选前承认，此次选举过程让美国在海外蒙羞。但特朗普这个裹挟着一系列丑闻和质疑的地产大亨，依然一路杀到最后关头，的确耐人寻味。“特朗普现象”表现了美国社会普遍对政治精英阶层不满，美国的政治精英正走向堕落。

链接一　特朗普简介

1946 年 6 月 14 日，唐纳德 · 特朗普在纽约市出生，排行老二，上有一个姐姐，下有两个弟弟、一个妹妹。13 岁那年，父母送他去“纽约军事学校”求学。在军校就读期间，特朗普人缘甚佳，不仅学业成绩优异，也是运动健将，1964 年自军校毕业时，领袖气质已隐然成形。

离开军校后，特朗普获准进入隶属常春藤联盟的宾夕法尼亚大学沃顿商学院就读。大学时代，特朗普孜孜不倦地汲取商业领域新知，培养机敏生意眼光，加上父亲耳提面命的经营秘诀，大四时，已蠢蠢欲动，欲在商界闯出一片天。

大学一毕业，特朗普即进入父亲创建的房地产公司任职。虽然大学四年的每年暑假，他都协助父亲管理业务，却不愿待在生活圈子狭窄的纽约市皇后区，宁可独自迁居繁华热闹的曼哈顿，勇敢地伸出触角，在高级社交圈结识不少有钱有势的政经名流，对于他日后发展房地产事业有莫大助益。

特朗普自认比父亲更具野心，他看出纽约市的经济潜力，开始着手兴建外观壮丽显眼的高楼大厦，赚取较高利润。1974 年，纽约市曼哈顿区的“宾夕法尼亚中央铁路公司”宣告破产，特朗普立刻买下这块地产，向政府建议在此兴建“市立会议中心”，但迟至 1978 年才始获纽约市政府首肯。特朗普得寸进尺地向市政府要求用“特朗普”命名此会议中心，可惜遭市政府拒绝。

1975 年，特朗普以 1000 万美元买进邻近纽约中央火车站的破旧旅馆，历经五年的运筹帷幄，不仅说服市政府给予 40 年减税优惠、顺利办妥贷款手续，并亲自监督重建工程，于 1980 年竣工的“凯悦大饭店”是特朗普房地产事业上的重要里程碑。“凯悦大饭店”的成功，彰显出特朗普锐不可当的企业才华，年仅 34 岁，已在纽约市颇具名气。紧接着，又以 2 亿美元在纽约曼哈顿商业区兴筑“特朗普大厦”，这幢高达 68 层的综合商业大楼为高收入的民众提供宽敞办公室、精品商店以及豪华公寓，吸引无数长期租客，特朗普亦因此赚进滚滚钞票，并继续攀越更具挑战性的高峰。

唐纳德 • 特朗普曾经积极活动以赢得 2012 年美国总统选举共和党的提名，挑战巴拉克 • 奥巴马，他还因为质疑奥巴马总统是否在美国出生而引起关注。奥巴马总统为了结束这场争议，不得不公布了他的出生证。但是他中途宣布退出美国总统选举共和党的提名。

2015 年 6 月 17 日，特朗普在纽约市第五大道特朗普大厦宣布，决定参加总统大选。“我正式宣布参加美国总统竞选，我们要让美国再次强大起来！”2016 年 11 月 9 日，美国大选计票结果显示：共和党候选人唐纳德 • 特朗普已获得 276 张选举人票，超过 270 张选举人票的获胜标准，锁定美国总统宝座。唐纳德 • 特朗普于当地时间 2017 年 1 月 20 日中午在美国首都华盛顿宣誓就职，正式成为美国第 45 任总统。

——百度百科

一、特朗普执政后美国的政策

打着“让美国再次强大”旗号的特朗普正式就职后，迅速开展行动，就职当天，签署了第一份总统行政令。白宫网站也改头换面，公布了新政府的一系列目标，从贸易到国防、从军事到竞选承诺，无一不显示出特朗普落实其政治主张的决心。那么，执政后的特朗普推行了哪些政策呢？

（一）内政：叫停奥巴马医改

美国第45任总统特朗普宣誓就职后便签发首道行政命令，叫停“奥巴马医保”（Obamacare）计划，践行了其竞选期间的承诺。

特朗普首次在白宫椭圆形办公室工作，并在大批记者的见证下，签署第一道行政命令，要求联邦政府部门“减轻奥巴马医保的负担”。白宫新闻秘书斯派塞回应记者，行政命令是废除及取代奥巴马医保的其中一部分。

白宫幕僚长普里伯斯亦向所有政府部门发出备忘录，称要“冻结奥巴马医保直至另行通知为止”。普里伯斯称，行政命令是要“将奥巴马医保的经济重担降至最低，准备废除它”。

特朗普竞选时多次表示，会将“废除奥巴马医保”放在首位，在第一日入主白宫便会推翻它。国会亦正讨论医保的替代方案。分析人士普遍认为，在特朗普政府执政初期，奥巴马医改将成为共和、民主两党新一轮党争的一大焦点。

链接二　　奥巴马医改

奥巴马医改计划是前任（第 44 任）美国总统奥巴马选举时提出的政纲三大议题之一，在 2010 年 3 月获国会通过。该医疗改革是为没有医疗保险的美国公民提供医疗保障。法案初稿建议成立公营医疗保险，管制私人市场转保，由私人健保转到公营健保。现时法案建议限制美国全民买健保，并不容许保险公司因疾病等借口对受保人拒保，或擅自增加保费。

奥巴马医疗改革的目标，简短地说，主要有以下三个方面：

一是给那些已有医疗保险的人提供安全保护。国家将通过专门立法，对保险公司的合同行为进行严格约束。按照新的改革方案，保险公司不得因为投保人存在既往病史而拒绝承担赔付责任；不得因为投保人生病而取消其保险计划；不得因为投保人存在既往病史或发生疾病而限制其保障范围等。否则，将被视为违法行为。

二是给那些没有医疗保险的人提供医疗保险，扩大医疗保险的覆盖面。新的医保计划要求，人人享有医疗保险，对于每位美国公民来说，既是权利，也是责任。对于那些还没有得到医疗保险保障的人，政府将创建一个新的保险市场，让个人和小企业能够以有竞争力的价格购买医疗保险，而且不会因为失业或转换工作而失去医疗保险。

三是控制医疗费用。降低不断上涨的医疗费用是一个世界性难题，只不过这个问题在美国表现得尤为明显。控制医疗费用，降低医疗成本既是奥巴马总统医疗改革的重要目标，也是此次医疗改革的重要内容。

——新华网，2015-01-02

（二）外交：奉行“美国优先”政策

特朗普将自己的外交政策核心思想归纳为“美国第一”，即将美国人民和美国安全的利益放在首位。他批评伊朗核协议是不愿离开谈判桌的产物；他提出缓和美俄关系；他表示要利用经济杠杆影响他国事务；他希望重塑美国军事力量；他还说要让美国盟友承担更多防务费用乃至自己保护自己。有观察家指出，特朗普的登场会使第二次世界大战后形成的国际秩序有所变动，这是因为他将会以“美国国家利益”为标尺，不拘泥于现有的国际秩序，推行“美国优先”的强硬政策。

（三）经贸：重振美国经济，退出 TPP 协定

美国总统特朗普在白宫网站公布未来经济政策目标，包括未来 10 年内新增 2500 万个就业岗位、推动经济实现 4%的年增长、退出跨太平洋伙伴关系协定（TPP）、就北美自贸协定重新谈判等。这些经济政策与特朗普竞选期间的承诺基本一致。

白宫网站列出特朗普政府将要优先处理的六大问题，其中经济计划主要包括“重振美国就业和增长”和“让贸易协定惠及每个美国人”。公布的计划显示，为实现就业和增长目标，特朗普政府将推动促进增长的税制改革，包括降低个人和企业所得税及简化税制。

关于美国贸易政策，特朗普政府的首要任务是退出 TPP，并就北美自贸协定重新谈判。

链接三　TPP 协定

跨太平洋伙伴关系协定（Trans-Pacific Partnership Agreement），也被称作“经济北约”，是目前重要的国际多边经济谈判组织，前身是跨太平洋战略经济伙伴关系协定（Trans-Pacific Strategic Economic Partnership Agreement，P4），是由亚太经济合作组织成员国中的新西兰、新加坡、智利和文莱四国发起，从 2002 年开始酝酿的一组多边关系的自由贸易协定，原名亚太自由贸易区，旨在促进亚太地区的贸易自由化。2009 年 11 月 14 日，奥巴马宣布美国将参与 TPP 谈判，强调这将促进美国的就业和经济繁荣，为设定 21 世纪贸易协定标准做出重要贡献。与此同时，秘鲁、越南和澳大利亚也宣布加入谈判，由此实现了 P4 向 P8 的转变，影响随之扩大。

——凤凰网，2015-10-06

（四）气候：宣布退出《巴黎协定》

2015 年 12 月，《联合国气候变化框架公约》近 200 个缔约方在巴黎气候变化大会上达成《巴黎协定》。2016 年 11 月，《巴黎协定》正式生效。

特朗普在竞选期间说，一旦当选，将设法使美国退出《巴黎协定》。上任后，特朗普谋求废除美国一些环境规定，称这些规定“没必要”，有碍煤矿、石油、天然气等领域工业发展。他还要求美国环境保护局“重写”奥巴马执政时期制定的旨在减少碳排放的《清洁电力计划》，而这一计划正是《巴黎协定》谈判过程中美国政府做出的重要承诺。

2017 年 6 月 1 日，特朗普宣布美国退出《巴黎协定》。他称《巴黎协定》给美国带来“苛刻财政和经济负担”，但表示愿意谈判，“看看能否达成一个公平协议”。

随着特朗普的走马上任，外界对其也将从“听其言”进入“观其行”阶段。高呼美国第一的特朗普为了美国国家利益，轻视同盟关系和既有国际规则，在外交、经济等各个领域提出强权色彩浓厚的主张，令世界普遍陷入不安。特朗普新官上任三把火，但未来这几把火将如何发展，让我们拭目以待。

链接四　　巴黎协定

《巴黎协定》是2015年12月12日在巴黎气候变化大会上通过、2016年4月22日在纽约签署的气候变化协定。《巴黎协定》是继1992年《联合国气候变化框架公约》、1997年《京都议定书》之后，人类历史上应对气候变化的第三个里程碑式的国际法律文本，形成2020年后的全球气候治理格局。《巴黎协定》获得了所有缔约方的一致认可，充分体现了联合国框架下各方的诉求，是一个非常平衡的协定。协议体现共同但有区别的责任原则，同时根据各自的国情和能力自主行动，采取非侵入、非对抗模式的平价机制，是一份让所有缔约国达成共识且都能参与的协议，有助于国际间（双边、多边机制）的合作和全球应对气候变化意识的培养。

欧美等发达国家继续率先减排并开展绝对量化减排，为发展中国家提供资金支持；中印等发展中国家应该根据自身情况提高减排目标，逐步实现绝对减排或者限排目标；最不发达国家和小岛屿发展中国家可编制和通报反映它们特殊情况的关于温室气体排放发展的战略、计划和行动。

——百度百科

二、特朗普执政后的中美关系

中美关系是当今世界上最重要的双边关系之一。同为联合国常任理事国，中美在维护国际安全和地区稳定及推动世界经济平稳增长等诸多全球治理问题上都需要协调与合作。中美同为超大型国家，双方合作，则会实现共赢的局面；反之，一旦中美出现对抗，则很可能出现双输的局面。

中美两个经济体的互动举足轻重，甚至会左右全球经济的健康发展。自2008年以来，在全球金融危机的大背景下，尽管增速放缓，但中国经济依旧保持了高速增长。2007年，中国的GDP总量赶超德国，位列世界第三；2010年，中国的GDP总量超过了日本，从而成为世界第二大经济体。截至2016年，美国的GDP总量在18万亿美元左右，中国的GDP总量在11万亿美元上下。中美两国是当下仅有的两个GDP总量超过10万亿美元的国家。除了美国之外，中国早已成为推动世界经济增长的重要引擎。在金融危机来袭之际，亚洲各国之所以没有出现欧洲那种经济萧条的情况，很大程度上是因为中国经济的高速增长成为一个重要的“减震阀”，充分发挥了火车头的作用，有助于东亚各国经济相对平稳发展。如何协调各自的财政和贸易政策，以便推进世界经济的进一步复苏是摆在两国面前的重要课题。过去几年，中美实际上通过G20、APEC等多边和战略与经济对话双边的磋商机制实现了财政与贸易政策的协调与合作。

中美关系的重要性显而易见。处理好对美关系，无疑有助于我国营造一个相对较好的国际环境，使得我们能够集中精力搞建设，进一步推动改革开放，实现我们“两个一百年”的奋斗目标。否则，我们的外部环境就很有可能恶化，甚至改革开放进程也会受到影响。

（一）合作与交流：有一千条理由把中美关系搞好，没有一条理由把中美关系搞坏

2017年4月4～7日，国家主席习近平对芬兰进行国事访问并赴美国佛罗里达州海湖庄园举行中美元首会晤。行程结束之际，外交部部长王毅向记者介绍此访情况。

王毅说，当今世界正经历百年未遇之大变化、大调整。在国际格局演变中，美国新政府内外政策走向引发全球关注，欧洲一体化进程出现新的变局。习近平主席此行聚焦两国，穿越欧美，举世瞩目，意义重大，不仅取得圆满成功和丰硕成果，也为国际形势发展增添了稳定性，注入了正能量。

王毅说，作为两个具有全球影响的大国，中美关系的重要性不言而喻。保持中美关系持续、健康、稳定发展，不仅符合两国人民的根本利益，也是国际社会普遍期待。美国新政府就职 2 个多月来，习近平主席同特朗普总统多次通话和通信，双方在各层级保持密切沟通，两国元首会晤水到渠成。特朗普总统诚挚邀请习近平主席赴“冬季白宫”海湖庄园举行会晤，一家祖孙三代参与接待习近平主席和夫人彭丽媛，美国国务卿蒂勒森亲赴机场迎接，充分体现对中美关系和此次会晤的高度重视。在 1 天多时间里，两国元首举行多场会见会谈，就中美关系和共同关心的国际及地区问题广泛深入交换意见，达成一系列重要共识。双方一致认为，这次会晤基调积极、富有成果。

成果 1：增进了两国元首相互了解和信任

习近平主席同特朗普总统分享治国理念，介绍各自正在推进的内外优先议程，加深了彼此了解，搭建起良好工作关系。习近平主席向特朗普总统介绍中国历史、国情和改革开放成就，强调中国坚定不移走和平发展道路，不奉行你输我赢的理念，不走国强必霸的老路，致力于促进世界和平、稳定、繁荣。特朗普表示，中国拥有伟大、令人惊叹的文明。习近平主席领导中国取得出色发展成就，在世界上受到广泛尊重。他同习近平主席相处非常愉快，建立了非凡的友谊，希望继续同习近平主席开展合作。特朗普愉快地接受习近平主席邀请，将于年内对中国进行国事访问。两国元首还商定通过会晤、通话、通信等方式保持密切联系。中美两国元首沟通越是深入，就越能对双边关系起到重要引领作用，就越能提高两国关系的融洽度和坚韧性，就越能增强国际社会对中美关系发展的积极和正面预期。

成果 2：确认了中美关系发展方向和原则

两国元首积极评价中美关系取得的历史性进展，同意在新起点上推动两国关系取得更大发展，更好惠及两国人民和各国人民。习近平主席重申合作是中美两国唯一正确的选择，双方完全能够成为很好的合作伙伴，指出我们有一千条理由把中美关系搞好，没有一条理由把中美关系搞坏。双方要集中精力做大合作蛋糕，制定重点合作清单，争取多些早期收获。习近平主席强调，中美两国存在分歧是正常的，关键是要妥善处理敏感问题，建设性管控分歧。习近平主席的倡议蕴含全局思维、长远眼光和政治智慧，得到美方积极回应。双方一致同意，通过共同努力扩大互利合作领域，在相互尊重的基础上管控分歧。特朗普表示，美方愿同中方合作，努力消除影响两国关系的因素和问题，使美中关系实现更大发展，美中关系一定能发展得更好。

成果 3：规划了双边合作优先领域和机制

中美双方同意推动双向贸易和投资健康发展，推进双边投资协定谈判，探讨能源、基础设施等领域务实合作。中方阐明两国经贸互利双赢的本质，重申不刻意追求贸易顺差，希望美方放宽对华出口限制，进一步平衡双边贸易。军事安全互信是中美战略互信基础，双方愿加强两军交往，用好将建立的联合参谋部对话机制新平台。双方愿深化执法司法、网络安全等领域合作。国之交在于民相亲，双方期待扩大人文交流，筑牢中美关系的地基。

中美元首宣布两国建立外交安全对话、全面经济对话、执法及网络安全对话、社会和人文对话等四个高级别对话机制，这是此次海湖庄园会晤的重要成果。会晤期间，双方率先启动了外交安全对话、全面经济对话，彼此深入交流，商定了工作议程，明确了努力方向。两国元首对这些重要机制的启动及取得的初步成果感到满意。中美经常性对话合作机制是两国关系发展的重要支柱，对双方沟通磨合、增进互信、拓展合作、管控分歧具有重要积极作用。

成果 4：加强了国际地区事务沟通和协调

中美两国同为联合国安理会常任理事国，列居世界前两大经济体，对维护世界和平稳定、促进全球发展繁荣肩负着特殊重要责任。会晤期间，两国元首就朝鲜半岛核问题等共同关心的国际和地区问题深入交换意见，同意拓展在地区和全球层面合作，为维护地区和世界和平、稳定、繁荣多做贡献。习近平主席指出，中美在全球和地区事务中应该合作并可以合作的领域很多，双方加强沟通合作，对两国有利，也对世界有利。特朗普说，美中两国作为世界大国责任重大，双方就重要问题保持沟通协调，可以共同办成一些大事。国际舆论普遍对中美在国际及地区事务上的良性互动予以积极评价。

2017 年 6 月 21 日，国务委员杨洁篪与美国国务卿蒂勒森、防长马蒂斯在华盛顿共同主持首次中美外交安全对话，中央军委联合参谋部参谋长房峰辉等参加。这是美国首次同时派国务卿和防长与中国进行机制性对话，也是中美元首今年 4 月确立两国四个对话机制后双方首次举行高层对话，因而意义重大，值得关注。

第一，新对话机制是对中美先前高层对话机制的延续和升级。中美高层定期对话机制始于 2006 年的中美战略经济对话，该对话主要聚焦经贸议题，在小布什任内双方共举行了五次。奥巴马上台后，两国将战略经济对话升级为战略与经济对话机制，对话范围扩展至重大战略问题。此后，中美战略与经济对话机制的涵盖议题不断增多，涉及军事、战略安全、经贸、执法、气候变化、朝核等众多议题。随后，两国 2010 年启动人文交流高层磋商机制，2015 年启动打击网络犯罪及相关事项高级别联合对话。今年 4 月习近平主席与特朗普在海湖庄园会晤后，双方宣布启动中美外交安全对话、全面经济对话、执法及网络安全对话、社会和人文对话四个全新对话机制，以取代先前的高层对话机制。与之前的战略与经济对话、人文交流高层磋商机制等相比，四个新对话机制不仅涵盖面更广，而且每个对话的议题也更加聚焦，有利于双方进行更专业、更深入的交流。两国舆论也评价较高，认为中美外交安全对话涵盖一系列双边、地区和全球性议题，类似于美国与其部分盟国的“2+2”对话机制。

第二，新对话机制为中美管控分歧、加强合作提供了更好的平台。中美关系近年来的一个突出特点便是竞争与合作面同时突显，两国在开展高层机制性对话的同时，围绕南海问题、网络黑客、“萨德”入韩、中美邻关系等进行了激烈的博弈。从 2015 年初开始，美国战略界还掀起一场对华政策大辩论，且对华持负面态度的言论渐占上风。在此背景下，特朗普在竞选期间发表了一些不利于中美关系的言论，上台后其本人及执政团队更是先后在台湾问题、南海问题等方面做出一些出格言行，为中美关系蒙上一层阴影。随后，经双方密切沟通，两国领导人先后进行电话通话、直接会晤，中美关系也峰回路转。中美关系的起伏以及美国国内的对华政策大辩论表明，中美关系是一种既合作又竞争的复杂关系，双方的共同利益在推动着两国合作，双方的分歧甚至矛盾又不时引发两国摩擦。面对这种现实，两国需要做，且唯一能做的是在大力推进合作的同时，积极管控和化解分歧，至少确保两国关系“不脱轨”。要管控和化解分歧，必须有固定的对话机制。包括外交安全对话在内的四个新机制涵盖诸多领域，可以说是中美管控和化解分歧、加强合作的有利平台。在美国卡内基国际和平基金会中国问题专家史文（Michael Swaine）看来，与先前的战略与经济对话相比，外交安全对话机制规模较小，双方可集中围绕真正的战略问题进行讨论，因此会更有效。

第三，新对话机制象征着中美关系未来之门的开启。2017 年 3 月访华时，蒂勒森对习近平主席表示，特朗普总统期待尽早举行两国元首会晤，并有机会访华，为中美关系未来 50 年的发展确定方向。习主席则表示，双方要本着对历史、对子孙负责的精神把握好中美关系的发展方向。中国外长王毅随后对蒂勒森的话做出积极回应，称美方表态令人鼓舞，中国历来以长远眼光看待中美关系，愿从战略高度推进中美关系。6月14日，蒂勒森在国会作证时称，中美关系正处于一个拐点，美方正在讨论两国今后50年会发展什么样的关系。在6月21日中美外交安全对话后的记者招待会上，蒂勒森对中美外交安全对话及其他三个对话机制赞赏有加，称“中美关系过去40年发生了深刻变化”，“这些对话机制为我们考虑两国未来 40 年如何接触和共存创造了机会”。凡此表明，中美高层均开始谋划中美未来几十年的相处之道，愿为中美关系未来发展确定积极的方向。中美外交安全对话及其他三个对话机制则为这种长远规划提供了平台，奠定了基础，可以说是中美关系的新起点。

• • • • • • • • • • • • • • • •

1. 美国亚太盟友的防务联系

过去十年，日本、澳大利亚、印度、韩国、菲律宾、越南、印度尼西亚等美国亚太盟友之间的防务联系呈爆炸式增长。以日本为例。日本已与韩国、印度签署共享军事情报的协定，并与澳大利亚签署协议，以便两军弹药共享。美日印、美日澳、美日韩、日印澳等三边对话已机制化。此外，一些新构想不断涌现，如日本首相安倍晋三提出的日美澳印“四国安全对话”以及“民主安全菱形”等。还有学者主张以澳大利亚和印度为核心，在亚太地区建立一系列“中等强国联盟”。

美国的亚太盟友强化防务联系与地区安全格局的深刻变化密不可分。

一方面，美国的保护靠不住了。自奥巴马时代起，美国进入战略收缩期，其安全承诺受到盟友的质疑。特朗普上台后，要求盟国承担更多防务费用，希望与中俄等大国交好，让盟友更加恐慌，担心被美国抛弃。因此，“抱团取暖”就成为这些国家的自然选择。

另一方面，中国在崛起。随着中国军费支出常年保持两位数增长，中国首艘国产航母成功试水，反舰导弹等先进武器研发进展迅速，中美军事差距不断缩小。在此情况下，美国的亚太盟友对美国能否履行安全承诺更加怀疑。

此外，美国的鼓励也是一个重要推动因素。日印澳韩等国如果联合起来，完全有能力抗衡中国。四国军费开支相加，与中国难分伯仲。因此，美国乐见其成。2014年年初，日韩因教科书问题发生争吵时，美国总统奥巴马极力撮合两国首脑会晤。

为何美国亚太盟友之间拉帮结伙，却迟迟没有发展成正式的同盟关系？除了这些国家之间存在各种矛盾、对威胁的认知迥异、国内政治变动等因素外，最大的障碍是，亚太地区两个重要的地缘政治事实并未改变。

首先，美国并没走。奥巴马政府反复强调美国对亚太地区的重视和对盟友的安全承诺。即使是现任政府，副总统彭斯、国务卿蒂勒森和国防部部长马蒂斯在访问亚洲时，都重申美国要保护盟友。美国还采取实际行动，加大对亚太地区的投入。2017年5月，美国国防部推出“亚太稳定计划”，升级亚太地区军事基础设施，进行更多军事演习，部署更多部队和武器。有美国做靠山，盟友另起炉灶的积极性自然大打折扣。

其次，中国并未构成威胁。中国虽在南海采取坚定立场，但只是在自家控制的岛礁填海造地，部署防御性武器，并没有侵略行动。中国还大力开展周边外交，积极与周边国家开展防务交流与合作，增信释疑，取得了一定成效。

同时，中国还给亚太国家带来发展的机遇。中国是日、印、澳、韩、东盟的最大贸易伙伴，经贸联系紧密。各国不会为了建立一个公开抗衡中国的同盟或准同盟，付出与中国断绝贸易联系的沉重代价。

由于上述原因，在可预见的将来，只要美国不离开亚太，中国坚持和平外交政策，美国的亚太盟友就不会积极构建正式或非正式同盟。更有可能出现的情况是：各国在具体议题上建立统一战线，例如，日韩在朝核问题上协调立场，而在南海问题上则持完全不同的立场。

当今世界，各国利益盘根错节，相互交织，将自身命运捆绑在个别国家身上的同盟战略已经过时，广泛加强防务合作、建立安全伙伴关系才能实现自身利益最大化。美国的盟友加强防务联系，不仅仅是为制衡中国，也是为了对冲地缘政治风险，应对当前亚太地区的美国若即若离、中国将强不强的模糊状态。

2．中美碰撞可能仍将集中在经贸与南海

2017 年 6 月 28 日，美国参议院军事委员会就《美国国防授权法案》通过了一项新条款，同意美国海军军舰例行停靠台湾或其他港口，并允许美国太平洋司令部接受台湾军舰的进港要求。7 月 2 日，美国“宙斯盾”驱逐舰进入中国西沙群岛中建岛 12 海里海域。中国舆论随即出现认为这两件事是对中美元首 4 月 6 日海湖庄园会晤以来双方关系良性发展的逆转的反应。

其实，在中美关系这种波云诡谲现象的背后，仍然有其内在的规律。特朗普当选之后与执政之初所释放出的一些基本和具体问题上的对华政策理念和意图，例如，在南海问题上实行更强硬的立场，在中美贸易平衡问题上使用制裁等强硬手段，以及偏离一个中国政策的基本原则，由于种种原因都做出了不同程度的调整。

首先，在南海问题上的强硬取向更多的是竞选策略。2016 年 7 月所谓的南海问题国际仲裁结论出来前后，中美海军在南中国海附近的准对抗态势已经表明，采取军事威慑难以使中国改变在南海的政策，中美之间爆发战争的结果更是双方都难以承受的，因而也是无法操作的，这使得特朗普当局执政后在该问题上并没有新的作为。

其次，原来表示要对华实施的提高关税等经济制裁实际上雷声大雨点小，中美经贸问题上的博弈，美方更多地使用了谈判手段而不是制裁手段。显然，中美之间的经贸关系不仅为美国市场提供了来自中国的价格低廉的生活和生产资料，降低了美国的通货膨胀，提高了美国低收入家庭的实际购买力，更重要的是，两国的经济合作现状还表明，如果没有美国高科技企业通过办厂和外包方式充分利用中国大量廉价劳动力和庞大的产业链配套，美国很多技术创新都会因为成本问题而无法商业化。显而易见，中美经济合作支撑了美国在设计、营销、物流、零售及金融等领域的大量服务业就业，对华经济制裁会使中美两败俱伤。可以预料，中美之间还将在贸易平衡和市场准入问题上进行激烈的博弈，但这主要将以相互妥协的方式进行，而较少地以经济制裁的方式进行。

其三，特朗普与台湾领导人进行热线电话联系之后，美方在 2017 年 6 月之前在对台政策上并没有什么新动作，尤其是在中美海湖庄园会谈前后，台湾问题淡出了两国关系议程。随着中国大陆经济和军事实力的快速发展，美国越来越难以影响中国解决台湾问题的进程和方式，越来越难以影响台湾政权的国际活动空间，台湾问题在中美关系中的地位大幅度降低。最近美国对台新的军售计划与参议院通过的美台可以互相停泊军舰的新条款，意图都在于在美国没有能力以武力阻止中国的南海行为的条件下，通过打台湾牌给中国南海政策施加压力。

同时，很明显的是，在特朗普执政不到半年的时间里，中美在国际事务领域的合作发展迅速。两国不仅在应对朝核问题上的合作深度前所未有，还在首轮举行的中美外交与安全对话中谈及在伊拉克战后重建问题上进行合作。引人注目的是，在本次对话中美方提出欢迎中国在重要的战略问题领域参与规则制定，而美方有国务卿和国防部长参加对话，更被认为是美中外交与安全领域合作机制的提升。

中美关系的总体状态将越来越少地受中美俄三角关系态势的影响。俄罗斯在乌克兰问题上的不妥协立场，使得特朗普政府在解除制裁、缓和对俄关系问题上失去了回旋余地，特别是在美国国内所谓“通俄门”持续发酵的情况下。同时，面对与俄罗斯直接接壤的北约成员国中东欧小国的安全诉求，美国一方面要求北约成员国提供军费，一方面不得不直接派出美军驻扎波兰等国，加上不断推进的欧洲导弹防御计划，使计划多时的美俄在叙利亚的反恐合作有名无实，甚至导致双方关系继续恶化，而美国也没有在对华政策上打俄罗斯牌的可能。中俄在中亚反恐问题上的合作和“一带一路”问题上的默契，也很难在全局和战略层面帮助中国与美国在主要矛盾领域博弈，中美关系受俄罗斯因素影响的可能性已经大幅度下降。

在可以预见的将来，中美之间的利益摩擦和政策碰撞仍将主要集中在经贸与南海问题上。

三、中美关系影响下的中国与其他大国（集团）的关系

• • • • • • • •

2017 年注定将成为中欧关系发展进程中不平凡的一年。正如中欧双方领导人所说，

全球化不是“零和游戏”，而是“正和游戏”，中欧越来越成为利益高度交融的命运共同体。在纷繁复杂的国际形势下，中欧双方面对严峻的共同挑战，也面临难得的合作机遇。

当前经济全球化遭遇逆风，保护主义甚嚣尘上。世界经济复苏势头好于预期，但仅维持低速增长，各主要经济体结构性改革任重道远。国际难移民问题未解，恐怖主义威胁日益严峻，民粹思潮泛滥。美国特朗普政府内外政策调整引发大国关系新一轮互动，国际形势中弥漫着复杂而不确定的情绪。以中欧关系的稳定发展应对世界形势的不稳定性，成为国际社会的强烈呼声。

双方政治关系不断升级，致力于共同打造和平、增长、改革、文明四大伙伴关系。中欧贸易额在 40 多年间增长了 250 多倍，目前已达每年 5000 多亿美元。双向投资方兴未艾，吉利沃尔沃、东风标致等越来越多的中欧企业结成战略伙伴，实现合作共赢。2016 年，中欧双向往来人员数量接近 660 万人次，每周 600 多个航班往返于中国和欧洲之间。双方积极推进人员往来便利化安排，致力于为人员交往创造更多便利条件。中欧近 70 个磋商和对话机制涵盖政治、经贸、人文、科技等各个领域，双方交流互动密切。中欧关系日趋成熟稳定，已成为世界上最重要、最具影响的双边关系之一。

欧洲正经历几十年来最艰难的改革时期，英国脱欧、恐怖袭击、民粹坐大等问题的深层原因是欧洲经济社会发展遭遇瓶颈。中国市场及其未来发展前景极具吸引力，是欧洲助推自身发展的现实选择，也是重要机遇。对中国而言，经济发展进入新常态，正在践行五大发展理念、推进供给侧结构性改革、加快新旧动能转换，有着深厚经济社会积淀的欧洲是学习借鉴的重要对象，也是实现跨越式发展的重要合作伙伴。中欧发展战略契合，合作潜力巨大。“一带一路”倡议同欧洲投资计划对接、欧洲国家踊跃加入亚洲基础设施投资银行、中欧设立共同投资基金、建立互联互通平台等，有望为中欧合作增添新的动力。

中欧是当今世界两大市场，二者经济总量之和占全球经济总量 1/3。中欧携手合作，将为促进世界经济增长、维护以世贸组织为核心的多边贸易体系、推动打造开放型世界经济、引导全球化的正确发展方向提供助力。中欧是当今世界两大力量，负有维护世界和平与稳定的国际责任。近年来，中欧共同促成了应对气候变化《巴黎协定》，为达成和执行伊朗核问题全面协议做出贡献，在维和、反海盗等领域加强合作。在推动政治解决地区热点问题、打击恐怖主义、促进可持续发展等方面，国际社会期待更多的中欧方案。

中国和欧盟分别是最大的发展中国家和最大的发达国家集团。中欧国情存在差异，在一些问题上看法并不一致，近一段时间在一些经贸问题上的分歧引起不少关注。中方要求欧盟全面履行中国加入世界贸易组织议定书第 15 条有关义务，欧洲人抱怨中国产能过剩、市场不够“对等开放”等等。回顾历史，中欧之间也曾有过矛盾和摩擦，之所以总能克服困难、不断前进，一条重要的经验就是坚持相互尊重、平等互利、对话协商、求同存异。只要双方都从长远眼光和战略高度看待中欧关系就完全能够妥处分歧，成为友好合作的典范。

• • • • • • • •

中国与日本隔海相望，自古以来，中国就是日本学习的对象，但同时又是日人觊觎的目标。进入近代后，现代化道路更为顺畅的日本，发动了跨度达几十年的侵略战争，欠下累累血债。日本对历史问题、领土问题的错误认识是中日间的最大障碍。中国与日本是重要的贸易伙伴，日本各界也有希望改善中日关系的呼声。

国家主席习近平 2017 年 7 月 8 日应约在汉堡会见日本首相安倍晋三。习近平指出，中日互为重要近邻。中日关系健康发展，关系着两国人民福祉，对亚洲和世界也具有重要影响。今年是中日邦交正常化 45 周年，明年是中日和平友好条约缔结 40 周年。双方应该增强责任感和使命感，本着以史为鉴、面向未来精神，排除干扰，推动两国关系朝着正确方向改善发展。习近平强调，中日邦交正常化 45 年来，两国关系经历了复杂波折和严峻考验，得到长足发展，留下了不少有益经验和启示。在新的历史时期，双方应该审时度势，立足大局和长远，既在战略上把准和平、友好、合作大方向，又在行动上做出扎扎实实努力。希望日方把改善中日关系的意愿更多体现在政策和行动当中。

习近平强调，维护好政治基础是中日关系健康发展的前提。邦交正常化以来，中日双方先后达成 4 个政治文件和 4 点原则共识，就妥善处理历史、台湾等问题确立了原则。在这些涉及两国关系政治基础的重大问题上，不能打任何折扣，更不能有一丝倒退。只有这样，中日关系才能不偏离轨道，不放慢速度。希望日方重信守诺，按规矩办事。

习近平指出，经贸合作是中日关系的助推器。双方应该推进务实合作。我们欢迎日方同中方在“一带一路”框架内开展合作。双方可以在文化、教育、媒体、地方、青少年等领域开展广泛交流，夯实两国关系社会和民意基础。

安倍晋三表示，在庆祝今年日中邦交正常化 45 周年和明年日中和平友好条约缔结 40 周年之际，日方愿同中方一道，努力推动形成两国关系改善势头。中日分别为世界第二、第三大经济体，对国际和地区事务有重要影响。日方愿同中方加强高层交往并开展机制性交流，深化经贸、金融、旅游等合作并探讨“一带一路”框架下合作，通过扩大青年交流等增进国民友好感情。日本在 1972 年日中联合声明中阐明的在台湾问题上立场没有变化。

• • • • • • • •

俄罗斯既是中国的周边大国，也是国际社会中的重要一极。在世界大变局面前，2017

年的中俄关系保持了持续深化的势头，双方在政治、经济、国际和人文领域的合作力度继续提升。中俄是有着4300多千米长共同边界的重要邻邦，中俄关系的走向对于两国各自的安全与发展有着举足轻重的作用与意义。历史经验表明：中俄两国只能友好、不能对立；中俄双方合则两利、斗则两伤；中俄关系只能搞好、不能搞坏。但同时需要明确的是，中俄关系不是在“真空”，而是在具体的国际环境中存在、运转的，它不仅会对国际局势的发展变化产生影响，同样也受到国际环境的诸多制约并进而作用于中国的外部环境。特别是在世界处于剧变之际，对中俄关系多做一些细致深入的思考，无论是对中俄关系的可持续发展、对中俄各自的国家利益，还是对国际秩序的平稳、顺利转型而言都是必要的。

2016年，中俄元首继续发挥对双边关系的顶层设计和战略引领作用，双方举行多达五次密集会晤，有时仅间隔一日或连月举行会谈，这在两国关系史上实为少见。习近平主席多次提出，中俄应加大相互支持，推动两国发展战略对接和“一带一路”建设同欧亚经济联盟建设对接合作，密切双方在重大国际和地区事务中协调配合。两国要在涉及彼此核心利益和重大关切问题上相互支持，不断巩固和深化政治互信和战略互信。普京总统也一再强调，俄中关系已发展到“从未企及”的水平，以至于简单称之为“战略协作”都不够。中俄均将对方作为本国外交优先方向之一，把对方发展视为本国的发展机遇，坚定支持对方的核心利益，

相互给力借力。中方反对西方在乌克兰危机中对俄罗斯的不断制裁，俄方在新任台湾地区领导人蔡英文发表就职演说前夕重申无论谁担任台湾地区领导人，俄罗斯都反对任何形式的“台独”，并支持中国不承认海牙国际法庭对所谓南海仲裁案判决的立场。俄方还较早与中方商讨建立大欧亚伙伴关系构想，中方则在第一时间对这一倡议表示支持和欢迎。同时，双方正式启动中国与欧亚经济联盟经贸合作协定谈判。两国在国际和地区事务中密切协调，成功举行中共中央办公厅与俄罗斯总统办公厅对口合作磋商、中俄第十二轮战略安全磋商和第四次、第五次中俄东北亚安全磋商，双方就落实好两国元首达成的重要共识，加大在国际事务和朝鲜半岛以及东北亚安全等问题深入磋商。两国都反对美国在韩国部署导弹系统，并在叙利亚危机问题上彼此策应。俄罗斯朝野上下不断深化对华认识。俄罗斯前外长伊万诺夫认为，虽然俄中关系并非十分对称，可并没有催生强势伙伴将自身意愿强加于较弱一方的等级关系。相反，两国却在每一个具体事务中都能找到彼此接受的利益平衡点。G20杭州峰会成功举行，表明中国“能够使世界上意见不相同的国家坐到谈判桌前商讨大相径庭的经济调控方法，并最终找到共同的解决方法”。尽管中国也存在不足，可中国的创新产品数量堪与美国一较高下，其在超级计算机

和生物科技等领域已位居世界领先地位，联想和华为等中国高科技品牌也全球闻名，打造科技强国前景可期。

展望未来，虽然中俄关系的持续健康发展依然面临诸多挑战，特别是随着美国新当选的总统特朗普的上任，有可能使中美和俄美关系出现某些微妙变化，但基于同美国建立正常国家关系和加强中俄新型国家关系始终是两国并行不悖的对外方针，其中任何一方与美国关系的改善都不会动摇中俄相互借重的战略构架，且不说美国保守势力对中俄的历史性偏见难以改变。

纵观中俄关系史和现实经验教训，如今，中俄互为战略依托的需求比以往任何时候都更加强烈，两国高层和主流社会对持续推进和深化中俄全面战略协作伙伴关系的决心比任何时候都更加坚定。两国元首在 APEC 第 24 次领导人非正式会议期间会晤时继续强调，双方将在新的一年里继续保持高层密切交往和在国际事务中紧密协调与配合的势头，相互支持，巩固政治和战略互信，加强两国发展战略对接和“一带一路”建设同欧亚经济联盟建设的对接合作，促进世界和平稳定。普京总统发表的年度国情咨文和新版《俄罗斯联邦对外政策构想》重申，在当今复杂形势下，俄中全面战略协作伙伴关系已成为确保全球和地区稳定的关键因素，俄方将一如既往地与中国发展各领域合作，共同应对新的威胁和挑战，构建平等和互信的全面战略协作伙伴关系。

作为世界上最大的发达国家和最大的发展中国家，中美两国关系是当今世界最重要、最特殊的一对双边关系，它远远超出了双边关系的范畴，成为一对影响世界的大国关系。中美经贸关系以及其他建设性合作关系对世界和平与发展举足轻重，中美关系的阴晴冷暖对世界将产生重大影响。中美两国存在许多共同的利益点，在国际事务中，中美两国有许多共性，同时中美两国不可避免地存在许多的分歧和矛盾。但在经济全球化的前提下，双方相互依存、相互竞争，友好发展是主流。

和平与发展是时代的主题，是不可阻挡的时代潮流。未来中美关系应是和平共处、友好合作、谋求共同发展。

思考题

1. 美国亚太再平衡战略的目的是什么？你认为美国在亚太地区推行此战略会成功吗？

2. 国务院副总理汪洋说：“中美经济关系有点像夫妻，我们生活在同一个地球上，你中有我，我中有你，虽然也有吵架，有分歧，但是都必须增进了解，增强互信，培育共同的生活基础。”据此，你怎么理解？

延伸阅读

1. 阮宗泽:《特朗普“新愿景”与中国外交选择》,国际问题研究,2017(3)
2. 韦伯:《新教伦理与资本主义精神》,电子工业出版社,2013年
3. 金灿荣:《中美安全战略博弈中的历史与战略稳定性》,国际安全研究,2017(3)
4. 詹姆斯·德·代元:《国际关系理论批判》,浙江人民出版社,2003年

第九讲　朝鲜半岛的核危机

教学目的

通过梳理朝鲜半岛核危机问题的由来、发展及最新现状，帮助学生分析认识我国周边的国际局势与演变，理解我国对朝核问题的态度与立场，使学生学会正确认识和分析复杂多变的国际形势。

教学重点和难点

1. 朝核问题愈演愈烈的原因
2. 朝核问题解决的新思路

主要内容

1. 朝核危机的历史与现状
2. 朝核问题愈演愈烈的原因
3. 朝核问题解决的新思路

朝鲜半岛局势一直都扑朔迷离，错综复杂，始终是人们关注的一个热点。朝鲜半岛局势一方面是由半岛内部南北关系的因素所决定；另一方面也受半岛外部因素（美、日、中、俄几个大国）的影响，总体来说，在诸多力量及因素的作用力下朝鲜半岛当前局势呈现出“多重转型交织”的特征。因此，朝鲜半岛始终会成为国际政治的一个焦点，而半岛的核武器问题则成为其作为焦点问题的重要引爆点。

一、朝核危机的历史与现状

所谓朝核问题，就是指朝鲜开发核应用能力而引起的地区安全和外交等一系列问题，相关方为美国、中国、韩国、俄罗斯和日本。

（一）朝核问题的由来

朝鲜战争结束后的 1953 年 10 月《韩美共同防御条约》签订，美国将大批武器（包括核武器）运进韩国，在仁川等地建立军事基地；在汉城设立“韩美联合司令部”，并多次举行联合军事演习，对朝鲜进行核威胁。对此，朝鲜倍感压力与威胁。为保安全保生存，朝鲜不断抗击美国等大国及国际社会的压力而大力发展核设施与核武器。

1965 年朝鲜在苏联帮助下建立了“宁边原子能研究所”，培训了部分核技术人才。从苏联引进了第一座 800 千瓦的核反应堆，核技术研究初具规模。到 20 世纪末，朝鲜相继建成了 6 个核研究中心、2 座研究性质的核反应堆、1 座核电试验堆、3 座二氧化铀转化厂、1 座天然铀燃料组件制造厂和 1 个核废料贮存场，基本建成了从铀矿开采到核废料处理的核燃料循环体系，具备了研究、制造核武器的能力。

（二）两次朝核危机

20 世纪 90 年代初美国侦察卫星拍摄到朝鲜在宁边地区进行核开发，扬言要对朝鲜的核设施实行检查，并随即恢复美韩军事联合演习。朝鲜抗议并退出《不扩散核武器条约》，宣布全国进入准战争状态。第一次朝核危机由此爆发。

在朝鲜宣布生效之前，美国同朝鲜进行了两轮副外长级谈判，并于 1993 年 6 月 11 日达成一个联合声明，美国在援助朝鲜改造核设施等问题上做出一些承诺，朝鲜则宣布暂不退出《不扩散核武器条约》。

1994 年 2 月下旬，朝鲜同国际原子能机构和美国达成妥协：朝同意其 7 个核设施接受检查、美韩同意停止联合军演、美同意与朝举行第三次高级会议。10 月 21 日，朝鲜和美国在日内瓦正式签署《朝美核框架协议》，朝鲜同意冻结现有的核计划，美国允诺为朝鲜建造两座 1000 兆瓦轻水反应堆并每年为朝鲜提供 50 万吨重油，以弥补朝鲜停止核能计划造成的电力损失。

至此，这一次核危机原则上得以解决。然而实际上双方仍有诸多争执。

链接一　《不扩散核武器条约》

《不扩散核武器条约》又称《防止核扩散条约》或《核不扩散条约》，于 1968 年 7 月 1 日分别在华盛顿、莫斯科、伦敦开放签字，当时有 59 个国家签约加入。该条约的宗旨是防止核扩散、推动核裁军和促进和平利用核能的国际合作。该条约于 1970 年 3 月正式生效。

——摘自《人民网》

然而，美、日、韩三国协助朝鲜拆卸石墨反应堆并帮助朝鲜建设两座轻水反应堆的承诺一拖再拖。2001 年，美国对朝政策变为强硬，将朝鲜与伊朗、伊拉克一起称为“邪恶轴心”，美国的《核态势审议报告》也将朝鲜列为使用核武器的对象之一。

2002年10月美国总统特使、助理国务卿凯利访问平壤后，宣布朝鲜“已承认”铀浓缩计划，并指控朝鲜正在开发核武器。朝鲜则表示，朝鲜“有权开发核武器和比核武器更厉害的武器”。12月，美国以朝鲜违反《朝美核框架协议》为由停止向朝提供重油。随后，朝鲜对此很快做出强烈反应，宣布解除核冻结，拆除国际原子能机构在其核设施上安装的监控设备，重新启动宁边的石墨反应堆。2003年1月10日，朝鲜政府发表声明，宣布再次退出《不扩散核武器条约》。第二次朝核危机就此爆发。

链接二　　朝鲜轻水反应堆问题

根据1994年10月朝美两国在日内瓦签署的关于朝核问题《框架协议》，朝鲜冻结其现有的核计划，美国则负责在大约10年时间内为朝鲜建造一座2000兆瓦或两座1000兆瓦的轻水反应堆；在轻水反应堆建成前，美国将同其他国家一起向朝鲜提供重油，以弥补朝鲜停止核能计划造成的电力损失。

——摘自《京华时报》2003年11月23日第13版

第二次朝核危机爆发后，半岛局势空前紧张，引起国际社会的高度关切和忧虑。在这重要关头，中国于2003年4月促成中、朝、美北京三方会谈。于7月初促成了六方会谈，启动了和平解决朝核问题进程。2003年8月，中国在北京举行有中国、朝鲜、韩国、美国、日本、俄罗斯参加的朝核问题六方会谈，并确立了通过谈判和平解决朝核问题的原则。2005年9月第四轮六方会谈通过了“9·19”共同声明，就实现朝鲜半岛无核化目标达成共识，取得重要的阶段性成果。

但是，由于美国对朝鲜实施金融制裁，朝鲜又坚持美国不解除金融制裁就无法重返会谈的立场，致使六方会谈在2005年11月11日第五轮六方会谈第一阶段会议后迟迟无法重启。

2006年7月5日，朝鲜试射导弹。7月15日，联合国安理会针对朝鲜试射导弹通过了第1695号决议。10月9日，朝鲜进行了第一次地下核试验。10月14日，联合国安理会针对朝鲜核试验通过了1718号决议，决议谴责朝鲜核试验对国际和平与安全构成威胁，敦促朝鲜全面放弃所有核武器及发展核武器和弹道导弹的计划，不要进行新的核试验或发射弹道导弹，并尽快重返六方会谈。

在朝鲜半岛紧张局势步步升级的情况下，中国政府出面积极斡旋，派出特使出访美、俄、朝。在中国政府的不断努力下，六方会谈于2006年12月重启。

朝核问题六方会谈从2003年8月27日～2009年4月14日，历时六年时间，一共进行了六轮会谈，期间取得了许多建设性成果，终因朝美之间深重的矛盾而暂时停滞。

（三）朝核问题危局再现

2009 年 4 月 5 日朝鲜发射人造卫星“光明星 2”号。4 月 13 日，联合国安理会对此通过声明，要求朝鲜遵守联合国安理会禁止进行此类发射的 1718 号决议。4 月 14 日，朝鲜外务省即发表声明，宣布退出朝核问题六方会谈，并将按原状恢复已去功能化的核设施。

5 月 25 日，朝鲜进行了新一轮的地下核试验，引起国际社会的极大关注。6 月 12 日，联合国安理会一致通过第 1874 号决议，对朝鲜核试验表示“最严厉的谴责”，并要求朝鲜今后不再进行核试验或使用弹道导弹技术进行发射活动。决议要求朝鲜早日回到《不扩散核武器条约》中来立即全面执行安理会第 1718 号决议，以“全面、可核查和不可逆的方式放弃所有核武器和现有的核计划，立即停止一切有关活动”。

2012 年 12 月 12 日，朝鲜发射人造卫星“光明星 3”号并成功进入太空，立即引起国际社会的广泛争议，各国媒体均感到震惊。大部分国家认为这是一次军事试验，皆表达出谴责之意。2013 年 1 月 22 日，联合国安理会一致通过第 2087 号决议，要求朝鲜遵守安理会有关决议规定，不得再使用弹道导弹技术进行发射。朝鲜则谴责安理会的作为是因为美国的支持，并表示朝鲜军事上将会不限于发展导弹，还会以核武器作为目的。

2013 年 2 月 12 日，朝鲜进行第三次核试验，引发国际上广泛谴责。3 月 7 日，联合国安理会一致通过第 2094 号决议，对朝鲜第三次进行核试验之举予以严词谴责，并扩大对朝金融制裁。3 月 8 日，朝鲜政府宣布撤销所有与韩国的互不侵犯条约作为回应，并表示关闭与韩国边界所合营的事业，切断双方的热线。3 月 13 日，朝鲜确定终止 1953 年签订的朝鲜停战协定，宣布不受制于互不侵犯条约。3 月 27 日，宣布朝韩之间的热线中断。4 月 3 日，朝鲜关闭了与韩国合作的开城工业园区，要求园区里的韩国人离开。

2015 年 3 月 2 日，朝鲜当天清晨向朝鲜半岛东部海域发射两枚疑似为飞毛腿导弹的短程弹道导弹。7 月 28 日，朝鲜驻华大使在记者会上宣称：“朝鲜的核遏制力是针对持续半个多世纪以来的美国核威胁和敌视政策，捍卫国家主权和生存权不可或缺的手段，而非在谈判桌上讨价还价的筹码。”9 月 15 日朝鲜原子能研究院表示，宁边所有核设施开始正常运转。

至此，朝核问题再次陷入僵局。

（四）朝核问题的近期演绎

1，朝鲜强推核试验

2016 年 1 月 6 日，朝鲜悍然进行了第四次核试验，朝鲜中央电视台在播出的“特别重大报道”中宣布朝鲜成功进行了氢弹核试验。2 月 7 日，朝鲜成功发射了“光明星 4”

号人造地球卫星。此举招致安理会通过了“最严厉的”对朝制裁决议。3月2日，联合国安理会一致通过第2270号决议，规定了一系列对朝制裁措施，范围包括金融、货物、矿物资源等非军事领域和武器方面，禁止朝鲜出口煤炭、铁、铁矿石等；并重申支持重启“六方会谈”及通过和平方式实现半岛无核化。

4月24日，朝鲜再次成功发射潜射导弹。5月，在朝鲜劳动党第七次全国代表大会召开前夕，金正恩曾指示称：“尽快进行核弹头爆炸与可安装核弹头的弹道导弹试射。”而随即召开的朝鲜劳动党第七次全国代表大会则表示支持金正恩提出要继续改良和发展核武的决定，增强核武的质和量，以抵抗美国做出的核武威胁。

7月19日，朝鲜在黄海北道黄州地区向半岛东部海域发射3枚弹道导弹。8月3日，又向朝鲜半岛东部海域发射2枚弹道导弹，其中1枚在发射后不久爆炸。8月24日，朝鲜在半岛东部海域发射一枚潜射弹道导弹。9月5日，朝鲜向朝鲜半岛东部海域发射了3枚弹道导弹。

2016年9月9日，朝鲜进行了第五次核试验。此次是核弹头爆炸试验，旨在最终检测并确认实现标准化、规格化，可安装在战略弹道导弹上的核弹头性能和威力，这意味着朝鲜做好了应对核战争的准备。对此，联合国安理会正式通过针对朝鲜第五次核试验的第2321号制裁决议，内容涵盖限制和禁止朝鲜出口矿物、限制外派劳务人员、加强金融制裁、限制朝鲜船舶航行等。

2016年10月15日和20日朝鲜发射疑似“舞水端”中程弹道导弹。

2017年2月12日，朝鲜成功试射一枚地对地中远程战略弹道导弹。3月6日，在平安北道东仓里一带向朝鲜半岛东部海域发射多枚导弹，落入日本海。3月22日，从东部元山附近发射了数枚导弹，以失败告终。4月5日，从朝鲜半岛东海岸新浦市附近发射一枚“飞毛腿”导弹，以失败告终。

4月15日朝鲜举行了太阳节盛大阅兵，在阅兵式上展示了多种导弹和其他武器装备，朝鲜中央电视台播音员在直播时说，受阅部队展示的“最强大和最尖端进攻和防御手段将终结帝国主义者所谓的军事技术优势”。

近日，朝鲜又试射了一枚弹道导弹，据推测这一次试射的应当是洲际弹道导弹。这一次试射的成功标志着朝鲜军事打击能力已经真正的威胁到了美国本土。国际社会舆论一致认为，在金正恩加速核武研发的进程下，朝鲜目前正在选择一个最佳的时机进行第六次核试验。

总之，随着朝鲜核能力的不断增强，朝核问题的未来趋向也更加复杂。

2．“萨德”入韩

韩朝关系是朝鲜半岛和平稳定局势的重要因素。自2010年以来，韩朝关系持续紧张。

2010 年 3 月 26 日，发生天安号事件；11 月 23 日，韩朝双方在有争议的“北方界线”附近延坪岛地区互相炮击。11 月 28 日韩美在韩国西部海域（黄海）开始举行为期四天的大规模联合军事演习。

2016 年，朝鲜不顾国际社会强烈反对，于 1 月和 9 月两次进行核试验，并多次实施违反联合国安理会决议的发射活动，东北亚紧张局势加剧。联合国安理会多次发表声明或通过决议予以谴责并施以制裁。同时，韩美以“应对朝鲜威胁”为借口，多次进行联合军事演习，并不顾中国、俄罗斯等周边国家及韩国国内民众反对，于 3 月 4 日全面启动在韩部署“萨德”反导系统的相关工作，对东北亚地区安全和战略平衡造成严重破坏，半岛局势不确定性增加。

2016 年 7 月 8 日，美国和韩国正式宣布将在韩国部署“萨德”反导系统。

2017 年 2 月 27 日，乐天集团董事局决定，为部署“萨德”供地（位于星州郡的高尔夫球场）。3 月 7 日上午，韩国国防部发布消息，“萨德”系统的部分装备，于 2017 年 3 月 6 日通过军用运输机运抵驻韩美军乌山空军基地。2017 年 3 月美韩开始了以朝鲜入侵为假想敌的代号为“关键决心”和“鹞鹰”的联合军演。

目前，两辆“萨德”发射车已运抵星州高尔夫球场完成部署，另有四辆“萨德”发射车被暗中运入境内保存。5 月 21 日韩国新政府已下令停止部署“萨德”系统。文在寅总统指示国防部依据法令对“萨德”用地进行适当的环评，使“萨德”入韩获得程序正当性为全体国民所接受。可见，“萨德”年内恐难实现完全部署。

“萨德”入韩的背后是朝核危机，而朝核危机的背后又是半岛无核化问题。因此，此次“萨德”入韩不仅增加了朝核问题的复杂性，也把半岛危机提升到了极限，而且它还将打破地区战略平衡乃至全球战略平衡，导致东北亚地区局势不稳。

“萨德”入韩，虽然公开声称是对付朝鲜，被视为防范朝核危机的手段，但结果却让朝鲜更感威胁而不断加快进行核试验以“拥核自保”，还将导致半岛南北关系的撕裂，对半岛实现无核化及和平稳定制造麻烦。

“萨德”入韩对韩国来说是毒药而非解药，它挑起了中韩矛盾，引发了中韩关系的紧张。随着中国“限韩令”的出台，韩国在经济方面蒙受了难以承受的重创。

“萨德”入韩实际上是想牵制中俄，挑拨中韩、俄韩关系，让中俄感到难受。由此，势必引起半岛地区大国处于高度紧张甚至对峙状态。这一局面的出现将有助于美国在东亚打造的“小北约”加快形成。所以，萨德入韩不仅无益于化解朝核危机，而且会导致半岛局势更为紧张与复杂。

链接三 “萨德”反导系统

“萨德”是美国目前发展历史最长的导弹防御系统，也是美国陆军掌握的两种高低搭配的防御系统之一。“萨德”全名为“末段高空区域防御系统”（THAAD），是陆基高空远程反导系统，拦截高度超出大气层，达到150千米。

“萨德”是美国新导弹防御计划的重要组成部分，由拦截弹、车载式发射架、地面雷达及战斗管理与指挥、控制、通信、情报系统（BM/C31）等组成。其拦截弹长6.17米，最大弹径0.37米，起飞重量900千克，最大速度可达2500米/秒，采用直接撞击方式摧毁目标，主要拦截射程3500千米的弹道导弹，最大拦截高度和拦截距离分别为150千米和300千米，防御半径200千米左右。“萨德”系统的技术起点高、风险性强，是唯一能在大气层内和大气层外拦截弹道导弹的地基系统，因此，其战技术性能有着与众不同的特点。

“萨德”的拦截高度达到40～150千米，即大气层的高层和外大气层的低层，这一高度段实际是射程3500千米以内弹道导弹的飞行中段，是3500千米以上洲际弹道导弹的飞行末段。因此，它与“地基中段拦截”（GBI）系统配合可以拦截洲际弹道导弹的末段，形成双层拦截，也可以与“爱国者”等低层防御中的“末段拦截系统”配合，拦截中短程导弹的飞行中段，形成双层拦截，对美国导弹防御系统起到了承上启下的作用

“萨德”拦截弹发射车是以美国陆军货盘式装弹系统和M1075卡车为基础设计的自行式机动发射平台，每辆发射车可以携带10枚“萨德”拦截弹，全重（包括拦截弹）40吨，车高3.25米，长12米，可用C-141空运，便于在全球范围内快速部署，具有较高的战略机动性。

“萨德”系统的BM/C3I系统由一个战术作战站和一个发射车控制站组成，把拦截弹、发射车和雷达连接成一个完整的有机整体。它一方面负责全面的任务规划，协调和执行拦截来袭弹道导弹的作战：提供话音与数据通信能力，使地基雷达与发射车分散部署，以提高生存能力和扩大防御区域。另一方面它有与其他防空系统兼容的接口，以实施联合作战；还提供与天基探测器的接口，以利用其数据，扩大防御区域。

“萨德”雷达系统由雷达天线、电子设备车、冷却设备车、电源车和操作控制车五部分组成，具有公路机动和空运机动能力。它是一种X波段相控阵固态多功能雷达，主要负责目标探测与跟踪、威胁分类和来袭弹道导弹的落点估计，并实时引导拦截弹飞行以及拦截后的毁伤效果评估。由于X波段雷达使用窄波束，对弹头具有跟踪和识别能力，因此能够给拦截器提供弹头预计位置的精确评估，并能识别假弹头。这对装有诱饵突防装置的弹道导弹具有很大威胁。X波段雷达是目前世界上最大、功能最强的陆基移动雷达，探测距离达到500千米，具有广泛的应用范围。

在韩国部署的“萨德”系统射程为2000千米左右，超出防御朝鲜导弹所需的范围，让人感到目的不在朝鲜而在中国。从技术上看，如果朝鲜想进攻韩国，使用短程导弹而非远程导弹的可能比较大，因此，实际上“萨德”对朝核或朝鲜导弹的防御基本没有什么效果，却对中国安全体系造成危害。

——摘自《中国新闻网》

二、朝核问题愈演愈烈的原因

自2011年金正恩上台执政以来，朝鲜不顾国际社会的强烈反对，一意孤行地继续推进核武计划，严重挑战国际社会核不扩散机制，对朝鲜半岛和周边的和平稳定构成重大威胁，招致国际社会的强烈谴责及相关国家的强烈反应，使朝核问题愈演愈烈，让东北亚核扩散的隐忧上升。

有关朝核问题愈演愈烈的原因，国际社会探讨相对较多，既涉及国际原因，如伊朗、伊拉克、利比亚局势对朝鲜的影响；也与一些国家对朝政策相关，如美国的对朝摇摆政策，韩国的对朝强硬政策等。总体而言，主要有朝鲜因素、美国因素、中国因素、中美合作失效、六方会谈效力不足五大原因。

（一）朝鲜因素

朝核问题至今历经三位领导人，三次核危机，并在2017年局势越发复杂，首要责任理应由朝鲜来承担。

朝鲜自始至终就想拥有核武器，“拥核是一贯的既定政策”。然而，这一政策却是朝鲜领导人根据所处的外部环境与内部环境做出的一种其认为合理的政策反应。

推动朝鲜拥核的国际因素主要包括历史与现实、半岛局势与国际核态势。在此情形下，拥核自重便成为朝鲜重要的战略手段。第一，朝鲜希望通过拥核谋求弥补朝韩竞争中的实力弱势。第二，大国协调机制效力不足，在解决朝核问题上目标和政策存在的分歧使得朝鲜在发展核力量方面得以有机可乘。第三，朝鲜半岛的安全结构因变迁而失衡，成为朝鲜发展核武器的主要原因。第四，全球核扩散的态势以及伊拉克、利比亚等国的经历提供的正反两方面的经验，使得朝鲜认为拥核可行、弃核难保。

从朝鲜国内因素来看，外部环境的变化加剧了朝鲜对于自身政权与安全的担忧，拥核自保亦成为重要的战略手段。第一，朝鲜发展核武器是巩固国内政权安全的需要。朝鲜领导人把核武器的开发作为对内维护社会稳定、对外确保国家安全的主要手段。对内为了巩固政权安全，必须继承“遗训政治”和“先军政治”，依赖军方支持，发展核武也可增加压制国内反对势力的力量。对外方面，朝鲜需要顶住美日韩的压力，弃核将有损其威信和地位，而在核武器计划上获得成功将极大地提高其威望，增加国内对其政权的支持。第二，朝鲜拥核另一个重要目的是维护国家安全。受朝鲜半岛分裂的影响，朝鲜的安全与美韩联盟密切相关，美韩联盟的不断军演刺激着朝鲜的安全神经。在传统军力失衡的情况下，核武器被朝鲜视为能够对抗美韩联盟的重要武器。核筹码对朝鲜来讲，是事关国家安危、生死存亡的大事。所以，朝鲜的核政策与美国的安全威胁密不可分，美国威慑对朝鲜核武器的认知具有重要影响。第三，朝鲜将发展核武器作为一种手段与工具，以此来换取美日韩等国的让步及经济援助，从国际社会换取经济等方面的好处。1995～2009 年，美国给朝鲜提供了 6 亿美元的能源援助、近 8 亿美元的粮食援助。自 20 世纪 90 年代中期以来，韩国给予朝鲜政府和平民的资金援助达 30 亿美元。

（二）美国因素

美国对于解决朝核问题至关重要，一是美国有能力阻止半岛核扩散；二是朝鲜对美国最为重视，唯美朝关系至上。但美国政府并不是积极地来解决甚至是有意让朝核问题久拖不决。从美国历届政府对朝核问题的摇摆政策来看，不外乎“外交施压、经济制裁、军事威慑及有条件地对话”。这样的政策不仅不利于美朝关系的正常化，反而会不断刺激朝鲜的拥核政策。对于美国而言，朝核问题目前只是美国实施“重返亚洲战略”与推进“亚太再平衡战略”的一枚棋子，美国并不急于解决，而是要利用朝核问题为其全球战略服务。美国借朝核危机实现“萨德”入韩，强化美韩联盟，夯实美日韩安保体系，其意不言自明。

朝核问题的实质是美朝之间的敌对与互不信任。朝核危机一波未平一波又起，朝美关系的不断恶化，美国难辞其咎。美国拥有可以威胁别国的武器，但不允许别国用同样的方式威胁它，而朝鲜则不买账，期望通过提升军事实力增加自己的话语权。面对美国的遏制政策，朝鲜一方面用核问题迫使美国与之谈判，另一方面也以此来威慑美国动武的可能。可以说，美国的敌视政策不可避免地会引发朝鲜一系列的激烈反应，并采取诸多边缘政策与美进行博弈。因此，朝核危机的反复出现，其间美国的对朝政策扮演着重要的角色，掌握着主动权的美国负有不可推卸的责任。只有通过朝鲜弃核、美国弃武、实现美朝关系正常化，进而以国际条约的形式正式结束朝鲜战争，解决朝鲜的安全和经济发展问题，才能一劳永逸地消除半岛的核危机。

（三）中国因素

中国作为朝鲜的近邻，是朝鲜的最大贸易伙伴、援助国和盟友，是对朝鲜影响力最大的国家，理所当然对朝核问题的解决负有重要作用与重大影响。

中国对于朝核问题的介入经历了一个渐进的过程，主要受历史感情、经济、政治与安全等方面的多重国家利益和地区责任所驱动。中国对于朝核问题的态度是一贯的、明确的，即反对朝鲜拥核，实现朝鲜半岛无核化，维持朝鲜半岛的和平稳定。同时，中国认为朝核问题绝非简单的核扩散问题，而是一个事关朝鲜国家安全的战略性、综合性问题。因此，在推动朝鲜彻底放弃核武器及其相关计划的同时，也必须充分解决朝鲜在安全、经济、政治、外交等其他相关领域的合理关切。

但由于朝鲜的拥核政策和不时采取的强硬举措，越来越被认为对中国的安全利益构成了伤害。不过，中国政府将一如既往地继续推动朝核问题的合理、合法、和平解决，致力于半岛无核化与维持半岛和平稳定。

（四）中美合作失效

中美两国在促进朝鲜半岛无核化方面具有共同利益，因而其合作对于解决朝核问题关系重大。纵观朝核危机出现的几个关键性节点，中美合作对缓解危机发挥了重要作用，有效地防止了朝核危机的失控。

中美两国在对朝鲜政策的目标、手段等方面也存在着明显的分歧。从政策目标上看，在无核化限度方面，中国主张半岛无核化但不否认朝鲜拥有和平利用核能的权利；美国则主张朝鲜不能发展任何目的的核计划，包括和平利用核能等项目。在半岛无核化和半岛稳定两个目标方面，中国致力于推动朝鲜半岛实现无核化，但同样担忧朝鲜半岛的局势稳定，尤其是朝鲜出现不稳定可能产生的地区影响；美国的政策目标则被认为有“政权变更”的目的，将半岛稳定置于次要目标。从政策手段上看，中国历来主张通过对话增进美朝互信，缩小分歧，逐步积累和创造条件，最终以安全、政治、经济、外交的一揽子方式彻底解决朝核问题，实现半岛无核化；强调防核扩散问题必须标本兼治，综合治理。而美国则过分依赖对朝施压、制裁来迫使朝鲜无条件弃核，更愿意直接讨论核扩散问题，强调对话、谈判、制裁、威胁使用武力、军事打击皆为其政策选项。

中美双方在对朝政策上的这种结构性矛盾和分歧，反映出双方在朝鲜问题上更多是一种竞争型互动。

（五）六方会谈效力不足

长期以来，六方会谈一直被认为是解决朝核问题、维持半岛和平与稳定、促进东北亚多边安全机制构建的重要多边协调平台。毋庸置疑，六方会谈对于促进朝核问题的解决发挥了积极作用，也取得了一定成就。

六方会谈也存在一个重要缺陷——效力不足，其主要表现为：（1）六方会谈的任务艰巨，各方利益分歧明显，互信严重不足，使得会谈的目标被认为过高而难以实现。（2）会谈机制制度化程度低，约束力太弱，无法保障相关协议的有效执行。（3）会谈各方的目标之间存在分歧。虽然有关各方都认为朝核问题的解决与朝鲜半岛问题的解决密不可分，但对究竟是要解决“朝核问题”，还是要解决“朝鲜半岛问题”却存在意见分歧；对于分成几个阶段推进也莫衷一是。鉴于此，六方会谈便难以形成一个有效的多边机制，而使朝核问题的解决难度增加、更趋复杂。

三、朝核问题解决的新思路

从20世纪90年代美国卫星发现朝鲜在宁边的核设施有可能生产核武器开始到现在，朝核问题已经摇摇晃晃走过了20多年。20多年来国际社会一直希望通过谈判或者制裁甚至武力威胁的方式迫使朝鲜放弃核武器，但终无成效。相反，朝核问题还愈演愈烈，致使朝鲜半岛出现潜在的“准核战争”危险，导致东北亚核扩散的隐忧上升。

20多年来的事实表明，单纯的国际制裁或军事施压非但不能阻止朝鲜发展核武器和导弹试射，反而会使朝鲜更加孤立，导致其不安全感加强，更加依赖“拥核自保”。可见，对于朝核问题的解决，必须围绕朝鲜所面临的内外环境，寻求朝核问题的增量解决。当然，朝核问题业已冰冻三尺，对此问题的解决也不可能一蹴而就，需寻求新的解决思路。

目前，尽管美国在朝鲜半岛的攻势咄咄逼人，但在环绕朝鲜半岛地区的安全环境中，除美国以外，其他大国如中国、日本、俄罗斯以及朝鲜和韩国，它们的政策取向和相互之间的关系也对半岛的安全环境产生着重要的影响。可以说，在围绕朝鲜半岛的安全结构中，多方制衡的局面仍在起作用。中、美、日、俄四大国在朝半岛和东北亚地区的战略均势已相当明显，任何一个大国都不可能撇开其他大国而单独来处理朝鲜半岛的事务。四大国之间在朝半岛问题上已形成相互依存、相互牵制、相互制约的战略互动关系。但围绕朝鲜半岛地区形成的多方制衡的格局，它维持的仅是相对稳定，真正意义上的稳定架构远没有形成，它仍然是相当脆弱，具有极大的不稳定性，其中，任何一方对时局的判断和决策发生错误，或任何一对双边关系的变化都可能引起半岛局势的动荡。因此，与朝鲜半岛有关的各国之间的利益协调和政策调整显得尤为重要。

东北亚地区的和平稳定关系到中国在整个东亚地区的外交战略布局的展开和切身利益。面对朝鲜不断加快的新的核试验行为，中国需要新的对朝政策，在考虑自身利益的同时还得要取信于国际社会。

2016年2月17日，中华人民共和国外交部部长王毅在北京与澳大利亚外长毕晓普举行第三轮中澳外交与战略对话后共同会见记者，在回答关于如何破解当前朝鲜半岛核问题困局时，王毅表示：“中方愿与各方探讨实现半岛无核化与半岛停和机制转换并行推进的思路。这一思路旨在平衡解决各方主要关切，明确对话谈判要达到的目标，尽快找到复谈的突破口。”这实际上表明了中国探索解决朝核问题的新思路。

2016年2月25日，中华人民共和国外交部部长王毅在美重申中国对朝核问题立场时，连说三个不能，即：朝鲜半岛不能有核，半岛不能战，半岛不能乱。

2017年4月中美两国元首会晤时，在朝鲜半岛问题上增加了对彼此关切和立场的相互理解，双方都主张坚持半岛无核化，坚持维护半岛和平稳定，以及通过外交手段和谈判协商和平解决朝核问题。

针对当前朝核问题错综复杂的局势，中国明确提出了“半岛无核化与停和机制转换双轨并进”的“中国方案”。在这个“双轨并进”中，“半岛无核化”一轨比较好理解。“停和机制转换”呢？“停”代表停战，“和”表示和平。简单来说，停和机制转换就是把朝鲜半岛由1953年朝鲜战争结束后的停战机制转变为和平机制。在这个方案中，中方的设想是：军事方面，坚持通过协商与对话方式和平解决问题；反对武力威胁；极力劝阻朝鲜弃核，对其施加压力；缓和美日韩对朝鲜的过激举动。经济发展合作方面，助力朝鲜半岛与中国合作；引导半岛在经济合作方面以安全与统一的步伐上向好的方向发展。

“中国方案”对破解当前朝核问题困局确立了“双轨制”分阶段协调推进解决的新思路，具体来说可以分为以下四个阶段。

第一阶段是朝鲜冻结其核计划，不得进行任何扩散，重启和谈。无论朝鲜采取极端措施的原因何在，当务之急是要冻结朝鲜的核计划，阻止朝鲜核能力的进一步提升，避免朝鲜事实拥核，这是解决朝核问题的前提。如朝鲜同意并配合，国际社会应对其给予一定的“补偿”，来解除朝鲜在经济发展和安全保障上面临的两难困境。如果朝鲜不肯配合，其他各国也应在不危及朝鲜人道主义的前提下加强对朝鲜的针对性制裁，使朝鲜意识到和谈才有出路。

第二阶段是临时安全保证与朝鲜初步开放，为朝核问题和半岛和平问题的最终解决奠定基础。在美朝互信有限的前提下，除非承诺保证朝鲜最低限度的安全，否则朝鲜就不会停止其挑衅式的举动。因此，六方会谈中的其他五国可以共同向朝鲜提供一段为期3～5年的安全保证。这样既减少了朝鲜的怀疑，也约束了美国单边行动的可能性。与此同时，美韩也应减少或放弃联合军演和对朝鲜的武力威胁。作为回报，朝鲜逐步去核化并接受检查，使得其弃核朝着不可逆方向发展。其他各方应促使朝鲜适当进行对外开放以改善经济，推动朝鲜利益的多元化和国际化，使朝鲜重走拥核道路的成本增加。

第三阶段是为朝鲜提供为期5～8年的安全保证，朝鲜实现弃核不可逆。在第二阶段的基础上，朝鲜弃核实现了去功能化，同外部的联系有所增加，经济有所发展，经济发展与安全自保的选择困境大为削弱。有关各方应继续为朝鲜提供5～8年的安全保证，积极创造朝鲜融入国际社会的条件，使得朝鲜对外部的依赖增加，重新成为国际社会的正常一员。

第四阶段是建立朝鲜半岛永久和平机制。目前的朝鲜半岛需要新的和平机制来规范相关行为主体的行为。签署和平机制的相关各方要监督朝鲜彻底放弃核武器，确保朝鲜半岛永久无核化。经过 8～13 年的弃核与安全保证尝试，朝鲜对其他各方的信任有所提升，推动朝鲜半岛停和机制的条件基本成熟。其后，再签订永久性的朝鲜半岛和平机制，使朝鲜安全担忧进一步减少，更加立足于经济发展，实现国家利益的重心由军事向经济的大转移，最终实现半岛的无核化与和平稳定。

当前，对朝制裁之后，将是朝核问题发展演变的关键时期。利益攸关各方均应展现出解决朝核问题的诚意，都应全面理解、完整执行联合国安理会通过的涉朝问题的2270、2321号决议，避免采取任何可能加剧局势紧张的言行，不要采取任何可能影响其他国家安全利益和地区战略平衡的举措。希望各方真正认识到“制裁是必要手段，维稳是当务之急，谈判是根本之道”，在解决朝核危局的“双轨制”新思路方面取得高度共识，在解决朝核问题的路径和手段充分协调的基础上，重开谈判，尽快恢复六方会谈，以朝鲜半岛和平长久机制取代临时停战机制，以半岛长久和平机制换取朝鲜弃核，最终实现朝鲜半岛无核化与和平稳定。

思考题

1. 简述朝鲜核危机的基本情况。
2. 朝鲜核危机激化的原因何在？
3. 破解朝鲜核危机的新思路是什么？

延伸阅读

1. 郑永年：《外刊论朝鲜核爆综述》，国际展望，2006年11月
2. 龚克瑜：《中国对和平解决朝核问题的努力和构想》，中国的前沿文化复兴与秩序重构——上海市社会科学界第四届学术年会青年文集（2006年度），2006年
3. 张链瑰：《六方会谈：新起步，新检验》，世界知识，2007（5）

参考资料

1．习近平出席全国高校思想政治工作会议并发表重要讲话. 新华社，2016-12-8

2．中共教育部党组关于学习贯彻落实全国高校思想政治工作会议精神的通知. 中共教育部党组，2016-12-13

3．习近平. 青年要自觉践行社会主义核心价值观. 新华网，2014-5-4

4．刘云山. 在培育和践行社会主义核心价值观座谈会上的讲话. 时事报告，2014-2

5．王晓辉. 积极培育和践行社会主义核心价值观. 求是，2012（23）

6．中共中央办公厅. 关于培育和践行社会主义核心价值观的意见. 新华网，2013-12-23

7．中共中央办公厅　国务院办公厅印发《关于实施中华优秀传统文化传承发展工程的意见》. 新华社，2017-1-25

8．促进高等教育为经济社会和学习者发展创造更大价值——教育部发展规划司负责人就部分本科高校转型发展问题答记者问. 教育部：http://www.moe.edu.cn/jyb_xwfb/s271/201511/t20151115_219011.html

9．许尔忠，吕朝龑等. “本科标准+职业能力”——应用型本科院校人才培养模式研究[J]. 中国职业技术教育. 2015（36）：29-33.

10．《中国教育报》：转变人才培养模式　提升服务社会能力——成都工业学院建设特色鲜明的高水平应用型大学纪实. 成都工业学院新闻网

11．教育部、国家发改委、财政部关于引导部分地方普通本科高校向应用型转变的指导意见. 教育部：http://www.moe.edu.cn/srcsite/A03/moe_1892/moe_630/201511/t20151113_218942.html

12．刘清亮. 职业生涯规划与就业指导[M]. 北京：人民邮电出版社，2010，5

13．余勇，罗英. 新编形势与政策[M]. 成都：电子科技大学出版社，2016，7

14．国务院新闻办公室、中央文献研究室、中国外文局. 习近平谈治国理政[M].北京：中国外文出版社，2014，9

15．韩庆祥. 党中央治国理政新理念新思想新战略形成的时代背景[M]. 人民日报，2016-06-01

16．毕京京. 全面把握十八大以来党中央治国理政新理念新思想新战略的基本内涵[N]. 光明日报，2016-03-21

17．李建华. 治国理政新理念新思想新战略彰显科学思维[M]. 人民日报，2017-04-26

18. 习近平.《在庆祝香港回归祖国二十周年大会暨香港特别行政区第五届政府就职典礼上的讲话》单行本[M]. 北京：人民出版社，2017

19. 王云霞等. 外国法制史[M]. 北京：商务印书馆，2014

20. 陈弘毅. 回归后香港与内地法制的互动：回顾与前瞻. 载香港法律教育信托基金编：中国内地香港法律制度研究与比较[M]. 北京：北京大学出版社，2000

21. 邹平学.《香港基本法》实践问题研究[M]. 北京：社会科学文献出版社，2014

22. 梁美芬.《香港基本法》：从理论到实践[M]. 北京：法律出版社，2015

23. 共建“一带一路”：理念、实践与中国的贡献. 中国一带一路网，2017-5-16

24. “一带一路”——习近平之道. 新华网，2017-05-19

25. 习近平. 携手推进“一带一路”建设——在“一带一路”国际合作高峰论坛开幕式上的演讲. 新华社，2017-05-14

26. 大学生形势与政策教师参考书（增订版）[M]. 北京：中国民主法制出版社，2016

27. 习近平提“供给侧结构性改革”，深意何在？新华网，2015-11-19

28. 习近平. 对“一国两制”的信心和决心绝不会动摇. 人民网-中国共产党新闻网，2016-07-01

29. 朱显龙. 两岸关系的过去、现在与将来[J]. 北京联合大学学报，2003（9）

30. 中共中央台办、国务院台办.“九二共识”的由来，2016-07-12

31. 国台办：“九二共识”意涵明确，无法回避，2017-06-28

32. 2016 点评两岸（二）：2016 年两岸经贸关系回顾. 华夏经纬网，2016-12-27

33. 王建民. 台独动向：蔡英文连续推动“文化台独”举措. 华夏经纬网，2016-09-01

34. 杨平. 未来两岸关系发展令人担忧. 华广网，2016-08-22

35. 袁征. 必须面临的挑战：特朗普当选对中美关系的影响[J]. 中国投资，2016（12）

36. 冯伟业，卫平. 中美贸易知识产权摩擦研究——以“337 调查”为例[J]. 中国经济问题，2017（2）

37. 林宏宇. 特朗普时代中美关系将走向何方[J]. 人民论坛，2017（3）

38. 傅强，袁正清. 隐喻与对外政策：中美关系的隐喻之战[J]. 外交评论（外交学院学报），2017（2）

39. 李永成. 国内政治、对外政策与美国外交谎言——兼及发展中美关系的若干问题[J]. 外交评论（外交学院学报），2017（2）

40. 武星. 中国经济总量超越日本后中日关系的新变化[J]. 学术探索，2016（2）

41．于美华. 跨世纪朝美关系回顾与展望，载复旦大学韩国研究中心编《韩国研究论丛》（八）[M]. 北京：中国社会科学出版社，2001

42．刘鹏辉，郑信哲. 韩国：雾幕后的国家[M]. 北京：世界知识出版社，1995

43．张链瑰. 朝鲜核问题现状与美国的责任[J]. 东北亚学刊，2012（2）

44．刘明. 朝鲜半岛与东北亚和平安全机制：构想与问题[J]. 东北亚政，2009（7）

45．李华. 朝核危机析论[J]. 辽东学院学报（社会科学版），2012（8）